Economia aplicada:
empresas e negócios

Central de Qualidade — FGV Management

ouvidoria@fgv.br

PUBLICAÇÕES FGV Management

SÉRIE GESTÃO ESTRATÉGICA E ECONÔMICA DE NEGÓCIOS

Economia aplicada:
empresas e negócios

Virene Roxo Matesco

Marcello Cunha Santos

Mario Rubens de Melo Neto

Ubiratan Jorge Iorio

FGV management

FGV EDITORA

Direitos desta edição reservados à
EDITORA FGV
Rua Jornalista Orlando Dantas, 37
22231-010 — Rio de Janeiro, RJ — Brasil
Tels.: 0800-021-7777 — 21-3799-4427
Fax: 21-3799-4430
editora@fgv.br — pedidoseditora@fgv.br
www.fgv.br/editora
Impresso no Brasil/*Printed in Brazil*

1ª edição — 2011; 1ª reimpressão — 2013; 2ª reimpressão — 2014.

Preparação de originais: Sandra Frank
Editoração eletrônica: FA Editoração Eletrônica
Revisão: Eduardo Monteiro e Fatima Caroni
Capa: aspecto:design
Ilustração de capa: André Bethem.

Matesco, Virene Roxo
Economia aplicada : empresas e negócios / Virene Roxo Matesco... [et al.]. – Rio de Janeiro : Editora FGV, 2011.
164 p. — (Gestão estratégica e econômica de negócios (FGV Management))

Em colaboração com Marcello Cunha Santos, Mario Rubens de Melo Neto, Ubiratan Jorge Iorio.
Publicações FGV Management.
Inclui bibliografia.
ISBN: 978-85-225-0933-1

1. Economia. 2. Microecocomia. 3. Macroeconomia. I. Santos, Marcello Cunha. II. Melo Neto, Mario Rubens. III. Iorio, Ubiratan Jorge. IV. FGV Management. V. Fundação Getulio Vargas. VI. Título. VII. Série

CDD — 330

Aos nossos alunos e aos nossos colegas docentes,
que nos inspiram a pensar e a repensar as nossas práticas.

Sumário

Apresentação

Este livro compõe as Publicações FGV Management, programa de educação continuada da Fundação Getulio Vargas (FGV).

Instituição de direito privado com mais de meio século de existência, a FGV vem gerando conhecimento por meio da pesquisa, transmitindo informações e formando habilidades por meio da educação, prestando assistência técnica às organizações e contribuindo para um Brasil sustentável e competitivo no cenário internacional.

A estrutura acadêmica da FGV é composta por oito escolas e institutos: a Escola Brasileira de Administração Pública e de Empresas (Ebape), dirigida pelo professor Flavio Carvalho de Vasconcelos; a Escola de Administração de Empresas de São Paulo (Eaesp), dirigida pela professora Maria Tereza Leme Fleury; a Escola de Pós-Graduação em Economia (EPGE), dirigida pelo professor Rubens Penha Cysne; o Centro de Pesquisa e Documentação de História Contemporânea do Brasil (Cpdoc), dirigido pelo professor Celso Castro; a Escola de Direito de São Paulo (Direito GV), dirigida pelo professor Ary Oswaldo Mattos Filho; a Escola de Direito do Rio de Janeiro (Direito Rio), dirigida pelo professor Joaquim Falcão; a Escola de Economia de São Paulo (Eesp), dirigida pelo professor Yoshiaki Nakano; o Instituto Brasileiro de Economia (Ibre), dirigido pelo professor Luiz Guilherme Schymura de Oliveira. São diversas unidades com a marca FGV, trabalhando com a mesma filosofia: gerar e disseminar o conhecimento pelo país.

Dentro de suas áreas específicas de conhecimento, cada escola é responsável pela criação e elaboração dos cursos oferecidos pelo Instituto de Desenvolvimento Educacional (IDE), criado em 2003 com o objetivo de coordenar e gerenciar uma rede de distribuição única para os produtos e serviços educacionais da FGV, por meio de suas escolas. Dirigido pelo professor Clovis de Faro e contando com a direção acadêmica do professor Carlos Osmar Bertero, o IDE engloba o programa FGV Management e sua rede conveniada, distribuída em todo o país (ver www.fgv.br/fgvmanagement), o programa de ensino a distância FGV Online (ver www.fgv.br/fgvonline), a Central de Qualidade e Inteligência de Negócios e o Programa de Cursos Corporativos In Company. Por meio de seus programas, o IDE desenvolve soluções em educação presencial e a distância e em treinamento corporativo customizado, prestando apoio efetivo à rede FGV, de acordo com os padrões de excelência da instituição.

Este livro representa mais um esforço da FGV em socializar seu aprendizado e suas conquistas. Ele é escrito por professores do FGV Management, profissionais de reconhecida competência acadêmica e prática, o que torna possível atender às demandas do mercado, tendo como suporte sólida fundamentação teórica.

A FGV espera, com mais essa iniciativa, oferecer a estudantes, gestores, técnicos — a todos, enfim, que têm internalizado o conceito de educação continuada, tão relevante nesta era do conhecimento — insumos que, agregados às suas práticas, possam contribuir para sua especialização, atualização e aperfeiçoamento.

Clovis de Faro
Diretor do Instituto de Desenvolvimento Educacional

Ricardo Spinelli de Carvalho
Diretor Executivo do FGV Management

Sylvia Constant Vergara
Coordenadora das Publicações FGV Management

Introdução

A economia, entre as ciências, é singular na busca da compreensão e análise do comportamento das pessoas, empresas e de governos em suas maneiras de agir e de interagir na sociedade, no que tange aos aspectos econômicos relativos ao emprego, renda, consumo, receitas de vendas, custos de produção, gastos e investimentos públicos em áreas de infraestrutura e sociais, entre outros. A ciência econômica constitui um modo de ordenar e sistematizar os princípios, conceitos e ideias relativas às ações dos diferentes agentes econômicos em suas atividades rotineiras. A economia lida com a ação humana, definida como qualquer comportamento deliberado com vistas a atingir certos fins que, segundo acreditam as pessoas em geral, irão aumentar sua satisfação.

A ciência econômica, por ter uma vasta amplitude teórica, intriga e encanta alunos, professores e interessados nesta área do conhecimento em suas descobertas, ao longo dos anos de estudos, acerca dos mistérios que envolvem os desejos, as necessidades e as escolhas diante da escassez e das restrições que enfrentam as economias, independentemente de seus níveis de desenvolvimento.

Este livro tem por objetivo apresentar, de maneira ordenada e compreensível, os princípios, fundamentos e conceitos que contemplam o sistema organizacional e estrutural teórico da ciência econômica e, sobretudo, demonstrar ao leitor sua aplicabilidade no cotidiano: dos indivíduos, em suas decisões de consumo; das empresas, em suas estratégias e decisões de negócios; dos gestores públicos, em sua missão de proporcionar o bem-estar da coletividade.

Esta obra está estruturada em seis capítulos, além desta introdução e da conclusão. Os três primeiros capítulos apresentam tópicos referentes à microeconomia, enquanto os demais abordam temas relevantes da teoria macroeconômica.

O capítulo 1 apresenta os princípios e fundamentos da ciência econômica, enfatizando a difícil tarefa de administrar os recursos, que são escassos, frente às necessidades humanas, que são ilimitadas. A partir do problema da escassez é necessário à sociedade realizar escolhas, de modo a obter o maior nível possível de satisfação. A análise dos custos envolvidos no processo de escolha desempenha papel fundamental na economia e, por isso, terá destaque analítico.

O capítulo 2 trata do comportamento dos agentes nos mercados de bens e de serviços, pela ótica dos consumidores e dos produtores.

O capítulo 3 trata do comportamento dos agentes pela ótica da teoria das empresas em suas decisões de produção, em consonância com a estrutura do mercado em que elas estão inseridas.

O capítulo 4 aborda a dinâmica macroeconômica. De início, são apresentadas as principais variáveis agregadas que possibilitam acompanhar o desempenho e a evolução temporal da atividade econômica. Em seguida, são discutidos os ciclos econômicos e seus determinantes, geradores das flutuações e da sustentabilidade do crescimento.

O capítulo 5 está dedicado à discussão acerca da atuação do Banco Central no cumprimento das metas inflacionárias preestabelecidas e na determinação da taxa básica de juros. Instrumentos de controle de liquidez monetária, sua adoção e reflexos sobre o sistema de crédito e de financiamento e, ainda, sobre a formação dos juros de mercado são complementarmente tratados.

Por último, o capítulo 6 trata das relações internacionais entre países. Os fluxos de receitas e de despesas resultantes do comércio, os de renda e os fluxos de capitais financeiros são enfatizados em uma perspectiva de inserção do país no exterior. Regimes cambiais e suas implicações sobre as flutuações das taxas de câmbio são igualmente comentados.

Para que o leitor sinta-se estimulado a praticar os exercícios propostos em cada final de capítulo, no "Apêndice" encontram-se todas as respostas e comentários adicionais.

1

A teoria econômica: princípios, objetivos e conceitos

O estudo da ciência econômica em sua base organizacional contém princípios e conceitos fundamentais. Este capítulo discute esses princípios e conceitos e está estruturado de maneira a demonstrar ao leitor a importância deles para a construção desta área do conhecimento. Os conceitos de escassez, produção, custos de oportunidade e bens econômicos serão apresentados de maneira a introduzir as definições básicas que alicerçam o estudo da teoria econômica, destacando os aspectos mais relevantes entre os dois ramos principais da teoria, a saber: microeconomia e macroeconomia.

A ciência econômica busca investigar os problemas ligados à economia, sobretudo aqueles relacionados à questão da escassez de recursos e às falhas de alocação desses recursos pelo mercado. A teoria econômica investiga a maneira como a sociedade se estrutura para maximizar seus recursos e, por meio da utilização ótima deles, proporcionar maior eficiência ao sistema econômico. Em outro sentido, questões relacionadas ao comportamento humano por meio da análise das variáveis que influenciam a tomada de decisão pelos indivíduos e empresas são temas relevantes para a construção da teoria econômica, em que o indivíduo é descrito como um agente racional que busca maximizar seu bem-estar mediante a avaliação das informações que influenciam sua tomada de decisão. A racionalidade é entendida como a capacidade cognitiva mediante a qual o agente econômico processa as informações para obter o maior grau possível de satisfação, em busca da plena satisfação factível, dadas as limitadas possibilidades.

Objetivos e conceitos fundamentais

A ciência econômica utiliza-se de duas óticas analíticas. A primeira, de caráter mais conceitual, enquadra o estudo da economia nos aspectos relacionados à produção, distribuição, circulação e consumo dos bens e serviços produzidos por uma determinada sociedade em certo período. Dentro deste conceito, a ciência econômica é responsável por analisar aspectos inerentes ao sistema produtivo, delimitando quatro questões-chave: o que produzir, como produzir, quanto produzir, para quem produzir.

As respostas destas e de outras questões são objetos de investigação da teoria que perpassam pelos conceitos de recursos produtivos e pelas formas como as sociedades definem seus padrões de consumo. Para que uma sociedade produza bens e serviços, ela necessita utilizar recursos ao longo do processo produtivo. A natureza e a forma como eles são empregados definem o padrão de produção. Os recursos ou fatores de produção alocados no processo produtivo podem ser classificados em três categorias distintas:

- terra — é o conjunto de recursos naturais fornecidos pela natureza, como a terra agricultável, os rios e mares, os minerais (petróleo, ferro, ouro, entre outros);

- capital físico — é a quantidade de máquinas e equipamentos, a infraestrutura em geral usada para produzir bens e serviços, tais como estradas, portos, redes de transmissão, entre outros.
- capital humano (trabalho) — é o conjunto de trabalhadores com os respectivos graus de conhecimento. Consideram-se tanto o número de trabalhadores quanto seu conjunto de habilidades.

Diferentes sociedades possuem diferentes dotações de fatores de produção e, por isso mesmo, utilizam-se de intensidades diferentes destes na composição final dos bens e serviços por elas produzidos. Algumas sociedades com elevadas quantidades de reservas de minerais (petróleo, por exemplo) se baseiam na produção destes; já outras, diante da escassez, direcionam sua produção para o estoque de capital tecnológico, por serem dependentes de matérias-primas.

O estoque de recursos minerais é um fator de produção disponibilizado pela natureza, cujos aspectos geográficos e geológicos os definiram ao longo do tempo. A diferença básica reside na forma como os países desenvolvem a exploração e qual o destino dos recursos provenientes de sua produção. É possível que alguns países se utilizem desses recursos para criar uma base de sustentação econômica, agregando-lhes valor e conhecimento; outros não conseguem se apropriar adequadamente deles, de modo a gerar riqueza. Economias com elevado estoque de capital físico tendem a ser mais produtivas: quanto maior o número de máquinas e equipamentos à disposição do trabalhador, maior tenderá a ser sua produtividade. Um trabalhador rural com uma enxada apresenta uma produtividade muito inferior a outro que possua um trator, não é mesmo? Nesta perspectiva, a qualidade dos equipamentos é tão ou mais importante que o número de equipamentos disponíveis.

O número de trabalhadores cresce em compasso com o crescimento populacional; o estoque de capital humano, entretanto, é influenciado por outras variáveis. Sociedades que fortalecem seu sistema educacional, que investem em saúde e em pesquisa e que aplicam recursos no desenvolvimento intelectual e profissional de seus cidadãos tendem a elevar a produtividade de sua mão de obra, tornando-se mais competitivas.

Desta forma, para que ocorra produção é necessário combinar, de forma eficiente, os fatores envolvidos, sendo que a tecnologia, um conjunto de técnicas, é a maneira como a empresa os utiliza. Assim, é possível descrever o conhecimento tecnológico como o grau de entendimento das melhores práticas de produção.

Embora o estoque de fatores de produção seja elevado, ele é finito. O número de trabalhadores, a área de terra agricultável, a quantidade de máquinas, entre outros, são recursos que, quando combinados, produzem determinadas quantidades de produtos. Portanto, a produção torna-se limitada por um dado estoque de fatores e de tecnologia disponível, enquanto as necessidades humanas são ilimitadas, infinitas.

O atendimento das necessidades — das mais básicas às mais sofisticadas — se dá por meio do consumo, através do qual o ser humano busca satisfazer seus desejos. O ato de consumir gera prazer e felicidade, e a ânsia por um alargamento desses sentimentos gera crescentes necessidades de adquirir constantemente outros bens e serviços. Assim, uma sociedade gera um conjunto de necessidades muito superior à sua possibilidade de atendimento. Os desejos ou necessidades passam a ser infinitos — na medida em que crescem mais aceleradamente do que a capacidade produtiva em prover os bens e serviços que os satisfaçam. Os fatores finitos limitam uma produção infinita, e, portanto, tornam escassos os bens e serviços, originando o conceito de "bens econômicos". O problema fundamental da ciência econômica é, portanto, a questão da escassez. Talvez a teoria econômica deixasse de existir caso uma quantidade infinita de produtos pudesse ser produzida e/ou os desejos humanos pudessem ser completamente satisfeitos. O que você pensa a respeito disso?

Caso fosse possível atingir a plena saciedade, não existiriam motivos para se tentar maximizar a utilização dos recursos produtivos. O problema do desperdício, bem como da utilização irracional dos recursos, não teria maior relevância. A escassez, portanto, constitui a restrição física dos recursos limitados para produzir bens e serviços necessários ao atendimento das necessidades humanas ilimitadas. Embora existam muitas terras agricultáveis, tal fato não impede que exista fome no mundo. O mesmo exemplo pode ser dado em relação à água potável. São tais fatos que originam a economicidade dos bens, atribuindo-lhes valor. Não obstante, não é somente o fato de ser raro que atribui valor a um bem; é necessário que haja demanda. Um dos principais atributos para que um indivíduo deseje um bem é a sua capacidade de atender às suas necessidades. Assim, a utilidade propiciada pela aquisição e o consumo de um produto é um atributo de suma importância para lhe conferir valor e, portanto, a denominação de bem econômico.

Outro ponto relevante é a constatação de que a escassez de recursos limita o atendimento das necessidades humanas e, portanto, limita a felicidade dos indivíduos. Para a teoria econômica, a escassez deve, então, ser tratada por meio da maximização da utilização dos recursos. Dado ser impossível atender a todas as necessidades, uma sociedade deve fazer escolhas, de maneira a maximizar a satisfação de seus indivíduos.

A produção e as curvas de possibilidades

A questão das necessidades ilimitadas e o problema da escassez conduzem a ciência econômica ao estudo mais aprofundado da escolha. Dentro deste contexto é importante fazer análises sobre questões como a eficiência na utilização dos recursos e a maximização da utilidade. Os fatores devem ser empregados de maneira a produzir a maior quantidade possível de bens, de forma a maximizar a satisfação dos indivíduos, a partir da definição da função de produção, a qual descreve o comportamento da produção de um determinado bem, ou conjunto de bens, em relação aos fatores disponíveis. A quantidade de bens produzidos (*outputs*) possui relação com o estoque de fatores (*inputs*) envolvidos no processo.

Algebricamente pode-se descrever uma função de produção da seguinte maneira: $Y = f(K, L, T)$, onde Y é o conjunto de bens e serviços e K, L, T são capital, trabalho e recursos naturais, respectivamente. O elemento f significa tecnologia, referindo o conjunto de técnicas e formas de combinar os fatores alocados. O estágio de produção está, geralmente, associado a uma relação positiva entre fatores e produtos. Ou seja, ao aumentar as quantidades de fatores (recursos) de produção, ocorrerão acréscimos nas quantidades produzidas.[1] Contudo, o que aconteceria com o processo produtivo caso o estoque de fatores fosse constante?

Um artifício teórico usado para demonstrar o problema da escassez é a curva de possibilidade de produção (CPP), que descreve um conjunto de produção factível para dois bens específicos, em que os fatores de produção podem ser facil-

[1] Tal afirmativa é válida desde que os fatores de produção apresentem retornos marginais crescentes, ou seja, quando o aumento das quantidades de recursos empregados resulta em aumento mais que proporcional das quantidades produzidas.

mente transferidos de um processo produtivo para outro. Para desenvolver este raciocínio, algumas hipóteses devem ser consideradas. Mais à frente, o abandono dessas hipóteses facilitará outras análises relevantes ao estudo da economia.

Hipóteses para construção da curva de possibilidades de produção:

- somente dois bens são passíveis de ser produzidos;
- os fatores de produção são constantes;
- há utilização plena dos fatores (os fatores são utilizados na sua totalidade);
- o conhecimento tecnológico é constante.

Considere uma fazenda com uma determinada área de terras agricultáveis e um número fixo de trabalhadores e de equipamentos. Suponha que somente dois produtos sejam passíveis de ser produzidos e que, durante todo o processo, nenhum avanço tecnológico afetará a produtividade desses fatores. O proprietário dessa fazenda deve escolher entre a produção de trigo, feijão ou um *mix* deles. Esta fazenda possui 100 hectares (nenhuma terra adicional será incorporada ao processo), sete trabalhadores, duas máquinas e um conjunto de ferramentas — que permanecerão fixos durante toda a análise. Qual seria a quantidade máxima de trigo produzida? Qual seria a quantidade máxima de feijão? O que acontecerá com a produção de uma cultura quando o fazendeiro decidir produzir mais de outra?

Quando todos os fatores estiverem direcionados para a produção de trigo, esta será a máxima possível. Em sentido direto e oposto, quando todos os fatores estiverem direcionados para a produção de feijão, esta será máxima. A quantidade produzida irá, portanto, depender da quantidade e da qualidade dos recursos produtivos utilizados na respectiva cultura agrícola.

Tabela 1

PRODUÇÃO DE FEIJÃO E TRIGO (COM FATORES DE PRODUÇÃO FIXOS)

Alternativas	Feijão (kg)	Trigo (kg)
A	0.000	20.000
B	1.000	190.000
C	2.000	170.000
D	3.000	130.000
E	4.000	70.000
F	5.000	0.000

O exemplo da tabela 1 ilustra um conjunto factível de produção para as culturas relacionadas. É possível observar que, à medida que aumenta a produção de feijão, diminui a de trigo. Tal fato decorre da transferência dos recursos de produção de uma cultura para a outra. Quando, em toda a área disponível, os equipamentos e trabalhadores estão envolvidos na produção de um dos bens, sua produção é máxima e a produção do outro bem é nula. Na medida em que parte desses recursos vai sendo transferida para a produção de feijão, esta passa a ser positiva e a produção de trigo começa a declinar. Tal processo persiste até o ponto em que todos os fatores estão empregados na produção de feijão. Neste ponto, a produção de feijão é máxima e a de trigo é nula. A figura 1 plota os dados apresentados na tabela 1.

A figura 1 foi construída mediante a união dos pontos de produção de trigo e feijão. Os pontos sobre a curva descrevem o conjunto máximo possível de ser produzido dado o estoque de fatores empregados no processo produtivo. Assumindo que todos os fatores estão sendo utilizados com a mais plena eficiência possível, a curva representa o máximo que esta fazenda pode produzir de feijão e de trigo. Para aumentar a produção de uma cultura é necessário deslocar fatores de outra, diminuindo o total produzido desta. Mas o que significam pontos dentro e fora da curva, apresentados na figura 1?

Figura 1

CURVA DE POSSIBILIDADE DE PRODUÇÃO

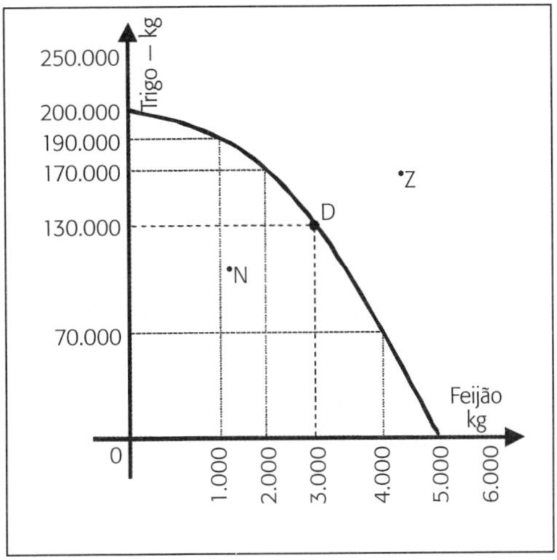

O ponto N indica que a área plantada da fazenda não está utilizando plenamente os recursos disponíveis. Neste caso, existe desemprego de fatores. Parte da área disponível para plantio não está sendo cultivada, e há trabalhadores ociosos e equipamentos subutilizados. De forma mais ampla, pensando em uma economia, quando os telejornais anunciam que a taxa de emprego caiu, este fato é apenas uma parte da questão. O desemprego está associado à ociosidade dos demais fatores de produção, maquinarias paradas, terras improdutivas, minas fechadas, portos vazios; estes são apenas alguns aspectos relacionados à ociosidade dos outros fatores.

Em outro sentido, o ponto Z não poderia ser alcançado com as condições dadas. O estoque de fatores e o nível de conhecimento tecnológico não seriam suficientes para esta fazenda alcançar elevadas produções de trigo e de feijão, sendo que, para as condições dadas, a produção máxima possível de trigo para uma produção de 4 mil quilos de feijão é de 70 mil quilos (alternativa E da tabela 1).

O custo de oportunidade

A curva de possibilidade de produção demonstra que, caso uma economia — ou empresa —, operando com pleno emprego dos recursos disponíveis, queira produzir mais de um bem, ela precisa, necessariamente, produzir menos de outro. O grau de sacrifício da produção de um bem X em favor de um bem Y qualquer é chamado de custo de oportunidade. No exemplo, o custo de oportunidade para a produção adicional de feijão seria a quantidade sacrificada da produção de trigo. Assim, para produzir mil quilos de feijão é preciso sacrificar uma determinada quantidade da produção de trigo. A tabela 2 apresenta a relação entre a produção de trigo e feijão, bem como o custo de oportunidade em cada fase do processo produtivo.

Tabela 2
CUSTO DE OPORTUNIDADE

Alternativas	Feijão (kg)	Trigo (kg)	Custo de oportunidade
A	0.000	200.000	–
B	1.000	190.000	10.000
C	2.000	170.000	20.000
D	3.000	130.000	40.000
E	4.000	70.000	60.000
F	5.000	0.000	70.000

Suponha que o fazendeiro decidisse anualmente deslocar fatores da produção de trigo para a produção de feijão. Qual seria a quantidade de trigo que ele necessitaria sacrificar para produzir uma quantidade adicional constante de feijão? Para se produzir os primeiros mil quilos de feijão foi necessário sacrificar 10 mil quilos de trigo. Na alternativa C, para produzir mais mil quilos de feijão, o sacrifício necessário foi de 20 mil quilos de trigo.

À medida que se incrementa a produção de feijão, a produção sacrificada de trigo é crescente. Por exemplo: na alternativa E a produção sacrificada de trigo foi de 60 mil quilos, bastante superior àquela verificada na alternativa C, que foi de 20 mil quilos. Tal movimento é conhecido como custo de oportunidade crescente, e o formato da curva de possibilidade de produção se deve a tal fato. Ela é côncava em razão de ser cada vez mais difícil abrir mão da produção de um bem para a produção de outro.

No início, os custos são baixos devido à transferência de recursos mais produtivos em relação à cultura alternativa. Por exemplo, quando o fazendeiro decide começar a produzir feijão, ele desloca os recursos capazes de gerar maior produtividade nesta nova cultura. Assim, terras, trabalhadores e máquinas mais aptos à produção de feijão deixarão de produzir trigo e passarão a produzir feijão. À medida que o processo persiste, torna-se indispensável a transferência de recursos que, embora pouco produtivos para a cultura de feijão, eram muito produtivos na de trigo, fazendo com que a produção deste último (trigo) caia rapidamente. Consequentemente, os custos, em termos de produção sacrificada, tornam-se cada vez mais elevados.

Os custos de oportunidade sempre estão presentes onde a economia se depara com escassez de recursos. Diariamente os indivíduos são obrigados a fazer este tipo de análise, desde o momento em que acordam até a hora de dormir. Como o tempo é escasso — limitado — e o dia possui somente 24 horas, as pessoas necessitam escolher o que fazer com ele. Quanto de tempo será destinado ao lazer e ao trabalho será definido com base na percepção da utilidade e no perfil de cada indivíduo. Quando um estudante decide "sacrificar" seu sábado fazendo um curso de pós-graduação, ele compara o custo de oportunidade envolvido nessa escolha.

Como abordado anteriormente, os custos de oportunidade estão associados a questões de limitação de recursos. Na construção da curva de possibilidade de produção as hipóteses de recursos fixos e conhecimento tecnológico constante atestavam tal condição. Contudo, podem-se relaxar essas hipóteses a fim de analisar a importância dos fatores na condução do aumento de produção — crescimento da economia. Caso fosse possível a esta fazenda aumentar o estoque de recursos produtivos — terra, capital e trabalho —, maiores produções seriam alcançáveis. A tabela 3 demonstra essas possibilidades.

Tabela 3

Acréscimos de fatores e de produção

Alternativas	Feijão (kg)	Trigo (kg)
A	0.000	260.000
B	1.300	247.000
C	2.600	221.000
D	3.900	169.000
E	5.200	91.000
F	6.500	0.000

Considerando um aumento de 30%, por exemplo, nos recursos a serem utilizados e um correspondente aumento na produção das culturas de feijão e trigo, é possível verificar maiores produções de ambas as culturas. Agora, a produção de trigo na alternativa A é de 260 mil quilos, enquanto a produção máxima de feijão é de 6.500 quilos (alternativa F da tabela 3).

No caso anterior, era possível produzir no máximo 200 mil quilos de trigo e 5 mil quilos de feijão (tabela 2). A figura 2 mostra duas curvas de possibilidade de produção com as diferentes dotações de fatores apresentadas nas tabelas 2 e 3.

Figura 2
Deslocamentos das possibilidades de produção

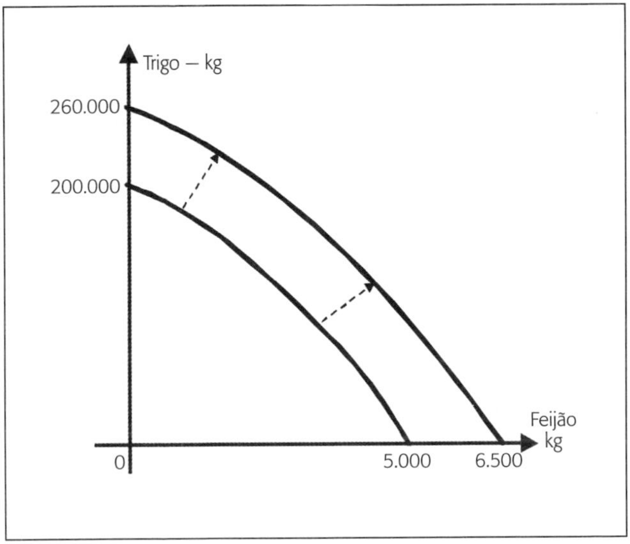

A nova curva se situa à direita da curva original. O formato é o mesmo, pois a única mudança advém do aumento homogêneo dos fatores de produção utilizados. De onde se conclui que, para alcançar pontos acima da curva de possibilidade de produção, é necessário aumentar o estoque de fatores que possibilitam o incremento da produção. Na figura 1, antes analisada, seria impossível atingir o ponto Z com as condições previamente dadas. Contudo, o aumento quantitativo dos recursos tornou factível a produção de feijão e de trigo atingir patamares mais elevados.

Não obstante, mesmo que os fatores permaneçam inalterados é possível à economia produzir mais, caso ocorram avanços tecnológicos. Se, por exemplo, uma nova semente de trigo desenvolvida por algum centro de pesquisa for introduzida no processo produtivo, mudanças nas quantidades produzidas devem ser esperadas. A maior produtividade do trigo irá deslocar a curva da possibilidade de produção, em razão de novas quantidades. Suponha que os ganhos de produtividade para o trigo aumentem a produção nos mesmos percentuais de 30%. A figura 3 ilustra o que deve ocorrer com a produção de ambas as culturas, dado o incremento na produtividade da cultura do trigo.

Figura 3

A TECNOLOGIA E AS POSSIBILIDADES DE PRODUÇÃO

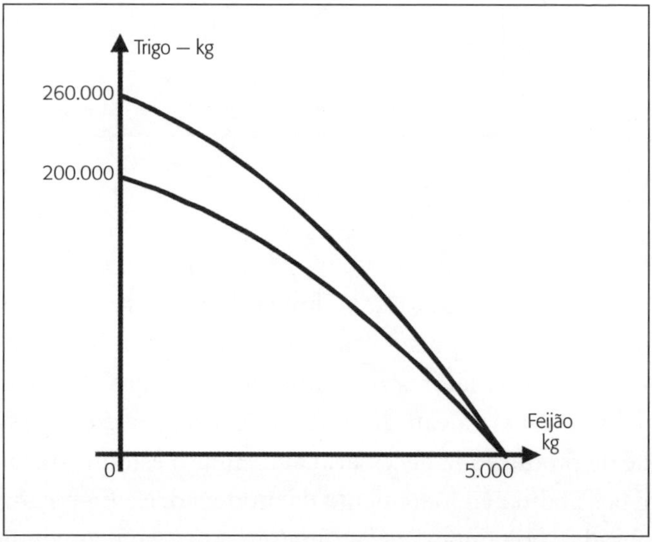

A tecnologia, neste caso, não beneficiou a cultura de feijão, que continuou produzindo os mesmos 5 mil quilos. Contudo, beneficiou a de trigo, cuja produção máxima passou de 200 mil para 260 mil quilos. Daí se conclui que somente maiores quantidades de recursos alocados, associadas à mudança tecnológica, são capazes de conduzir a aumentos na capacidade de oferta de um país, o que induz o crescimento econômico — aumento do produto real —, tema a ser discutido no capítulo 4.

Abordagens da microeconomia e da macroeconomia

A análise da economia pode ser apresentada em duas partes: a microeconomia e a macroeconomia. A microeconomia se preocupa com o comportamento das unidades individuais, tais como consumidores, empresas, investidores e demais proprietários dos fatores de produção. A microeconomia busca investigar e explicar as variáveis que influenciam a tomada de decisão por parte destes agentes. O processo de escolha do consumidor, a determinação do preço, o impacto das políticas públicas sobre a produção, custos, preços e salários de um mercado individual são áreas de interesse desse ramo da ciência econômica.

É preciso fazer uma ressalva em relação ao estudo do comportamento dos agentes da economia. Sabe-se que são muitos os condicionantes que os impactam positiva ou negativamente, por isso é requerido isolar cada condicionante para melhor avaliar o seu efeito sobre os ofertantes e demandantes. Para obter êxito analítico, os teóricos da ciência econômica tiveram que recorrer à expressão latina *ceteris paribus*, que significa pressupor que todas as variáveis impactantes deverão manter-se constantes por um determinado tempo, exceto aquela que se deseja estudar mais detalhadamente. Assim, ao utilizar-se a expressão *ceteris paribus*, diz-se que tudo o mais ficará inalterado, exceto a variável a ser estudada.

A microeconomia preocupa-se, ainda, com questões relacionadas à interação de unidades menores (empresas e consumidores) com unidades maiores, tais como mercados e setores. O estudo do comportamento e da interação de cada empresa com o consumidor revela como os setores e mercados funcionam e se desenvolvem, delineando quais são as principais diferenças entre eles e como se comportam mediante alterações no ambiente externo, como as políticas públicas e as condições econômicas.[2]

A macroeconomia, por sua vez, estuda o comportamento agregado das variáveis econômicas. Embora a microeconomia também estude a agregação de um mercado, a macroeconomia faz agregações absolutas, analisando todos os mercados. Enquanto a microeconomia busca entender o comportamento do mercado automobilístico, por exemplo, a macroeconomia analisa o mercado para todos os tipos de bens, conjuntamente.

Esse ramo da economia dá um tratamento mais global ao comportamento da atividade econômica. Questões como o crescimento econômico, inflação, políticas econômicas são áreas de interesse da macroeconomia, que analisa o desempenho de cinco mercados específicos, a saber:[3] (i) o mercado de bens e serviços, a determinação do produto agregado e o nível geral de preços; (ii) o mercado de trabalho e a determinação das remunerações (salários) e da taxa de emprego; (iii) o mercado monetário e a determinação do montante de moeda e das taxas de juros; (iv) o mercado de títulos (papéis) públicos e privados e a determinação dos preços e das quantidades transacionadas; e (v) o mercado cambial e a determinação da taxa de câmbio e dos fluxos de divisas estrangeiras.

Neste capítulo foram vistos os conceitos e princípios fundamentais da teoria econômica, enfatizando a administração dos recursos escassos frente às inúmeras possibilidades a partir da combinação dos fatores de produção.

---

[2] Para mais explicações a respeito do comportamento dos agentes econômicos mediante alterações das condições externas, ver Pindyck e Rubinfeld (2005).

[3] Mais detalhes sobre a abordagem da macroeconomia pela ótica de cinco mercados em Lopes e Vasconcellos (2000).

O próximo capítulo terá como foco o estudo da microeconomia relacionado à discussão das forças de mercado dentro das teorias da demanda e da oferta, os determinantes e o comportamento dos agentes econômicos frente às alterações de preços, renda, custos de produção, entre outros, que influenciam sobremaneira as decisões de compra (dos indivíduos) e de venda (das empresas).

Exercícios de revisão

1. Marque verdadeiro (V) ou falso (F) nas afirmativas que se seguem.
   a) A escassez pode ser considerada a restrição física dos recursos limitados para produzir bens e serviços necessários ao atendimento das necessidades humanas ilimitadas. ( )
   b) Para a economia, o conceito de capital refere-se exclusivamente a um determinado volume de recursos financeiros. ( )
   c) A ciência econômica busca responder a quatro questões-chave: (a) como produzir; (b) o que produzir; (c) para quem produzir; e (d) quanto produzir. ( )
   d) Para que ocorra produção de bens e serviços é necessário ao menos um fator de produção. ( )
2. Defina custo de oportunidade. O que significam custos de oportunidade crescentes?
3. Assinale com um X a alternativa verdadeira, dado que a curva de possibilidade de produção (CPP) não se desloca.
   a) Aumento na produtividade da mão de obra.
   b) Avanço tecnológico.
   c) Aumento no estoque de capital.
   d) Realocação dos recursos disponíveis.
4. Explique o significado dos pontos dentro, em cima e fora da curva de possibilidades de produção.

2

O mercado de bens e serviços: a teoria da demanda e da oferta

A sociedade é caracterizada pelo seu grande dinamismo e elevado grau de interação entre os agentes econômicos. Indivíduos e empresas tomam, continuamente, decisões com o intuito de atender aos seus interesses e interagem através das relações de compra e venda. A demanda e a oferta representam forças de mercado, num entrelaçamento de dependência mútua, em que compradores não existem sem vendedores, e vice-versa.

Neste capítulo será abordado o comportamento dos consumidores e dos ofertantes, na disposição de adquirir e de vender bens e serviços, e suas reações frente às mudanças de certos fatores, como renda, preços, custos de produção, entre outros. A decisão de consumir está relacionada à percepção da utilidade que o bem ou serviço representa no atendimento da necessidade e na satisfação do comprador. Por sua vez, a decisão de ofertar está ligada à busca de lucro pelos empresários. Os principais determinantes que afetam o comportamento de consumidores e de ofertantes, bem como a sensibilidade destes agentes a alterações de certas variáveis serão complementarmente abordados.

A teoria da demanda e a função utilidade

O conceito de demanda está baseado no processo de escolha por parte dos consumidores que, independentemente de sua condição de renda, valores culturais, credos, localização geográfica almejam adquirir bens e serviços despendendo parte de seus recursos orçamentários, que para a maioria são limitados, portanto impõem restrições ao consumo. Demandar significa consumir certa cesta de bens e serviços ao longo do tempo, a distintos níveis de preços. Consumidores procuram conciliar o desejo de obter mais consumo com menos gastos, maximizando satisfação dentro de suas possibilidades orçamentárias, entendidas estas como renda individual ou familiar.

A satisfação ou o prazer decorrente do ato de consumir pode ser mensurado por meio da função utilidade total, e esta tem relação direta com o consumo. Quando o consumo aumenta, a utilidade total também aumenta, e quando o consumo cai, a utilidade total se reduz. Todavia, o valor acrescentado à utilidade total pelas últimas unidades adquiridas é tão menor quanto maior for o total consumido.

A variação na utilidade total à medida que outras unidades são consumidas é chamada de utilidade marginal, ou seja, é o acréscimo na utilidade total decorrente do consumo de unidades adicionais. A utilidade marginal também é conhecida como "lei da utilidade marginal decrescente". Como exemplo, os chocólatras que nos perdoem, o preço máximo que um indivíduo está disposto a pagar por uma quarta barra de chocolate tende a ser menor do que aquele que ele estava disposto a pagar pela terceira barra, e menor ainda em relação à segunda, e assim sucessivamente. O preço máximo que um consumidor está disposto a pagar é conhecido como preço marginal de reserva, e se refere à medida da utilidade marginal. O preço marginal de reserva é decrescente porque a utilidade marginal também é decrescente. O preço de reserva é o preço de mercado.

A teoria da demanda denomina "excedente do consumidor" a diferença entre o que ele estaria disposto a pagar e o que ele efetivamente paga. Na figura 4 o excedente do consumidor é a área acima do ponto A, e a curva que relaciona negativamente preços e quantidades demandadas é denominada "demanda".

Figura 4
O EXCEDENTE DO CONSUMIDOR

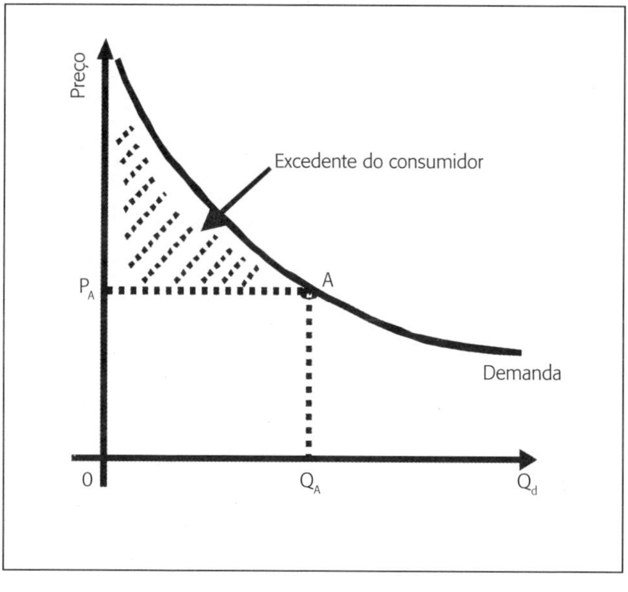

Determinantes da demanda

A teoria econômica pressupõe que todo consumidor seja racional (saiba escolher o melhor para si ou para seus familiares) no atendimento de seus desejos e necessidades. Portanto, é usual apresentar a quantidade demandada (Qd) de um bem ou serviço como o quanto um indivíduo deseja e pode adquirir. Tal quantidade pode ser representada por uma função que depende de um conjunto de fatores (variáveis) ligados ao processo de escolha de uma gama de mercadorias e serviços. Pode-se representar a quantidade demandada (Qd) pela seguinte função: $Qd = f\ (P, Ps, Pc, R, H,$ entre outros), onde:

P = preço do bem ou serviço;
Ps = preços dos bens ou serviços substitutos;
Pc = preços dos bens ou serviços complementares;
R = renda individual ou familiar;
H = hábitos, costumes.

Ou, mais detalhadamente:

- preço do bem ou serviço — o preço é fator-chave na determinação das quantidades demandadas. Os consumidores sempre reagem negativamente quando o preço sobe, reduzindo as quantidades demandadas, e se comportam positivamente, comprando mais, quando o preço cai. Esse comportamento usual e rotineiro é denominado, pela teoria econômica, "lei da demanda";
- preços dos bens ou serviços substitutos — os demandantes estão constantemente procurando bens e serviços que possam substituir outros, a fim de obterem alternativas de consumo e de não absorverem os impactos de subida de preços. Quantas vezes despendemos um longo tempo fazendo pesquisas de preços? A teoria econômica diz que um bem ou serviço é substituto quando, por ser similar e não ter sofrido alteração de preço, o consumidor opta por ele, mantendo o mesmo nível de satisfação. Portanto, quando sobe o preço de um bem ou serviço e a demanda por outro também sobe, na mesma proporção, diz-se que se trata de substitutos perfeitos. O contrário também é válido: se o preço cair, o consumidor demandará mais deste bem, e a demanda por outro bem considerado substituto deverá cair. Empresários

e gerentes devem ficar atentos quanto à percepção do consumidor no que tange à substitutibilidade, pois, se não lhes for favorável, pode levar a empresa a perder participação no seu mercado!;

- preços dos bens ou serviços complementares — no mercado existem bens e serviços que se complementam no consumo. Quando compramos um, tendemos a adquirir o outro. A teoria econômica denomina-os bens ou serviços complementares. Como exemplo, temos a complementaridade entre a aquisição de um notebook e dos programas de software correlatos. Assim, se o preço do notebook aumentar e o consumidor desistir de sua compra, haverá redução na aquisição dos programas a ele relacionados;
- renda individual ou familiar — cada consumidor dispõe de um montante de recursos monetários que pode e deseja gastar por certo período de tempo, de tal modo que venha a obter plena satisfação no consumo. Para a maioria dos indivíduos a renda é limitada e, por isso, eles fazem cuidadosas escolhas, priorizando o que e quanto consumir, a fim de minimizar seus dispêndios totais com consumo. Por conseguinte, o que restar se constituirá em sua capacidade de formar poupança. De modo geral, quando há aumento real de renda os consumidores tendem a adquirir mais, a fim de atender a outras necessidades e desejos. Quando isso ocorre, diz-se que os bens e serviços são normais (aumento do consumo proporcional ao aumento da renda) ou superiores (aumento do consumo mais que proporcional ao aumento da renda), porque esse é um comportamento "normal" das pessoas, confirmando a existência de uma relação direta entre o aumento de renda e o de consumo. O contrário também prevalece: quando há um decréscimo de renda real o consumo dessa categoria de bens e serviços se retrai.

Entretanto, a teoria econômica também observou que, em certas situações em que há melhoria nas condições de vida devido a um aumento real de renda, ocorrem reduções nas quantidades demandadas de certos bens e serviços, os quais são considerados inferiores na percepção dos consumidores. Como exemplo, os engarrafamentos de trânsito se explicam, em grande parte, pelo aumento do número de carros que transitam pelas avenidas, decorrente da melhora no desempenho da economia e, portanto, do emprego e da renda da população, associado ao maior acesso ao crédito. Ônibus, para muitos, é considerado um meio de transporte inferior, e o sonho é ir e vir de automóvel particular, mesmo gastando muitas horas por semana em longos engarrafamentos. Chama-se a atenção para a importância do acesso ao crédito como determinante da demanda, sobretudo tratando-se de bens e serviços inacessíveis, em razão dos preços, para muitos indivíduos ou famílias que enfrentam restrições de renda. Portanto, o crédito é considerado alargamento temporário de renda e, por isso, tem relação direta com o aumento das quantidades demandadas, principalmente para os bens de preços mais elevados, tais como fogões, geladeiras, automóveis, entre outros;

- hábitos, costumes — esses fatores têm forte relevância para explicar o comportamento da demanda. A teoria do consumidor se isenta de explicar ou justificar certos hábitos ou costumes. Há um ditado popular que diz que "hábito ou gosto não se discutem, respeita-se". Portanto, adquirir certos bens ou serviços porque o indivíduo tem hábito ou porque tem costume é plenamente aceitável do ponto de vista teórico. Qualquer que seja a natureza da decisão de consumir por hábito ou costume não invalida a relação direta entre essas variáveis e as modificações de demanda ou de quantidades adquiridas.

A curva de demanda individual e de mercado

A reação dos indivíduos diante das oscilações de preço induziu os teóricos a considerá-lo fator explicativo do comportamento dos consumidores e da definição da curva de demanda. Cada indivíduo tem sua própria função utilidade e é capaz de escolher quanto deseja e quer demandar quando os preços variam, comprovando a existência de relação negativa entre preços e quantidades demandadas, *ceteris paribus*, expressa pela curva de demanda, ou seja: $Qd = f(P)$.

Vamos supor que Júlia e Valentina sejam duas consumidoras de um mesmo bem. Veja a figura 5. Enquanto Júlia está disposta a comprar 20 unidades quando o preço de mercado for igual a R$ 10,00, Valentina, nesse mesmo nível de preço, deseja um pouco mais: 25 unidades. Assim, a demanda de mercado para o nível de preço de R$ 10,00 será de 45 unidades (20 + 25), representada pelo ponto A na figura 5. As quantidades demandadas por Júlia e Valentina e por outros consumidores formam a demanda do mercado, a qual se origina do somatório de todas as demandas individuais por um determinado bem ou serviço disponível, em cada diferente nível de preço.

Figura 5

DEMANDA INDIVIDUAL E DE MERCADO

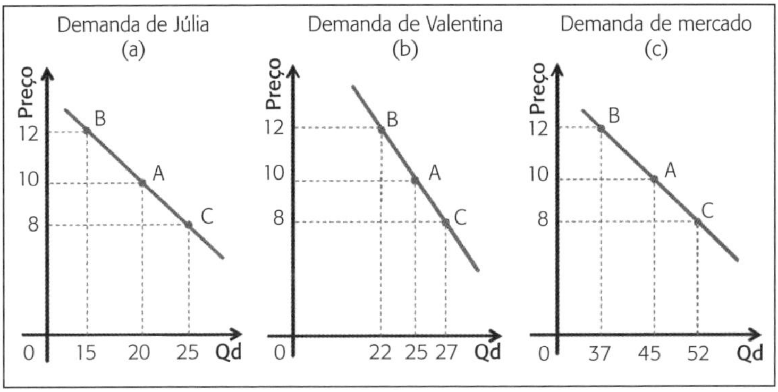

Quando o preço se eleva para R$ 12,00, Júlia e Valentina decidem reduzir as quantidades demandadas movendo-se nos diagramas (a) e (b) ao longo da curva de demanda, ponto A em direção ao B, para 15 e 22 unidades, respectivamente. Portanto, observa-se queda na demanda de mercado de 45 unidades para 37 unidades no diagrama (c). Ao contrário, quando os preços caírem, Júlia e Valentina desejarão demandar maiores quantidades e adquirirão, juntas, 52 unidades, movendo-se em direção ao ponto C, diagrama (c) na curva de demanda de mercado, ainda na figura 5.

Como se pode perceber, a demanda de mercado constitui-se no somatório de todas as demandas individuais. Com isso é possível imaginar quão sensíveis e instáveis podem ser as quantidades adquiridas durante certo período de tempo, uma vez que a todo instante consumidores, pelas mais diferentes razões, decidem ir ou não às compras, e quando isso ocorre, podem decidir, no momento da aquisição, levar mais ou menos de um bem ou serviço. Mudanças no consumo podem resultar de modificações duradouras ou temporárias nas variáveis e nos fatores intrínsecos aos desejos, às necessidades e à percepção de utilidade que cada produto ou serviço traz àqueles que o adquirem.

Como visto até aqui, os consumidores sempre reagem quando há variações de preços, e isso resulta em movimentos para cima ou para baixo na mesma curva de demanda. Todavia, quando outros fatores se modificam, observam-se movimentos entre curvas. Imagine o que acontece no mercado quando um indivíduo obtém aumento real de renda, por exemplo. A resposta é direta: haverá acréscimo de consumo para a maioria dos bens e serviços (normais e superiores) que ele costuma comprar, levando ao deslocamento da curva de demanda. A figura 6 apresenta tais movimentos, deslocando a curva de demanda para a direita, de D_1 para D_3, do ponto A para o ponto C. Essa expansão, de 45 para 60 unidades, ocorreu sem que o nível de preço se tenha alterado, mantendo-se em R$ 10,00, sendo resultado tão somente de melhoria de renda. Se houver uma queda de renda real, a demanda cairá, deslocando a curva para a esquerda, de D_1 para D_2, diminuindo a demanda no mercado de 45 unidades para 30 unidades, ponto B ainda na figura 6.

Figura 6
MOVIMENTO ENTRE CURVAS DE DEMANDA

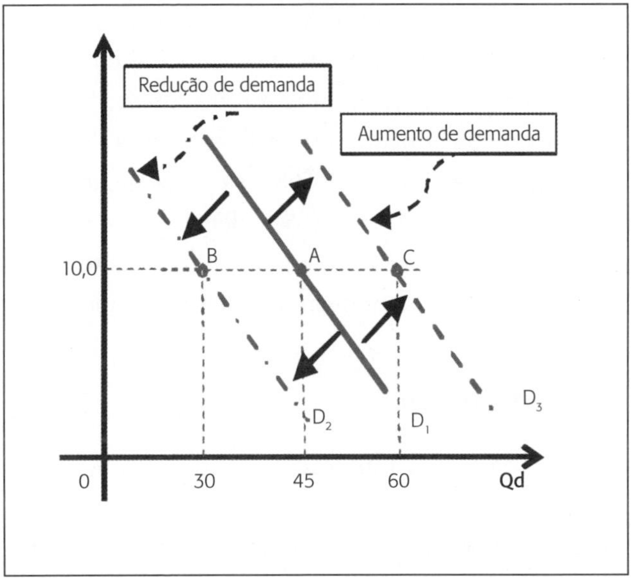

Sabe-se que variações nas quantidades demandadas são respostas às alterações no preço (movimentos numa mesma curva de demanda) e que variações na demanda são respostas às alterações em quaisquer outras variáveis (movimentos entre curvas de demanda), exceto o preço do bem ou do serviço em questão.

Na explicação aqui exposta, o aumento de renda real foi a razão para os movimentos entre curvas de demanda, porém outras variáveis também podem ser mencionadas. Inicialmente, destacam-se variações dos preços dos bens ou serviços substitutos.

Como exemplo, considere que carne de boi e carne de frango sejam substitutos perfeitos. Um acréscimo no preço da carne de boi irá expandir o consumo de frango, e com isso a curva de demanda se desloca de D_1 para D_3 na figura 6. Similarmente, uma redução de preço da carne de boi reduzirá o consumo da carne de frango, deslocando a curva de demanda de D_1 para D_2. Em segundo lugar, destacam-se as variações de preços dos bens complementares no consumo. Admita-se que haja redução na demanda por automóveis decorrente de um aumento de preço. É intuitivo perceber que também haverá queda de consumo do combustível relacionado, retraindo sua curva de demanda. Toda mudança causa impacto sobre as curvas de demanda em direção às expansões ou contrações, dependendo dos desejos e sonhos de cada pessoa em particular e dos consumidores em geral, que, juntos, irão modificar a demanda do mercado.

Elasticidade da demanda

Sabe-se que os consumidores sempre reagem (positiva ou negativamente) em relação às quantidades demandadas quando os preços ou outras variáveis determinantes do consumo se alteram. Reagir, para o consumidor, é demonstrar quão ele está satisfeito (ou não) no atendimento de suas necessidades e desejos revelados através da aquisição dos bens e serviços disponíveis no mercado. A reação do consumidor constitui fonte de informação importante para todos os empresários e gerentes que desejam vender muito e continuar participando ativamente do mercado-produto. Como a receita da empresa é o resultado das quantidades vendidas multiplicadas pelos preços ($R = Q \times P$), a ação do consumidor trará impactos importantes para as empresas, pois se refletirá em suas receitas de vendas. Conhecer seu cliente, o que e quanto ele compra e suas reações constitui dado imprescindível para todo ofertante. A teoria do consumidor mensura essas reações por meio da elasticidade da demanda, que se constitui na resposta relativa às quantidades requeridas frente às variações de preços ou outros determinantes da demanda.

Elasticidade-preço da demanda: mensuração

Os consumidores não desejam pagar mais caro por um bem ou serviço. Reagem mal quando o preço se eleva e ficam satisfeitos quando os preços caem. A elasticidade-preço da demanda (Epd) mensura esse comportamento, sendo medida como a razão entre a variação percentual na quantidade demandada (Δ% Qd) e a variação percentual no preço (Δ% P). Ou seja, mensura a causa e o efeito em termos percentuais. O efeito é o numerador e a causa é o denominador: $Epd = \Delta\%\ Qd \div \Delta\%\ P$.[4] Mesmo que os consumidores reajam com os movimentos de preços, sabe-se que essa reação será maior ou menor dependendo da natureza ou da importância de certos bens e serviços no cotidiano de consumo das pessoas. A questão é a seguinte: todo aumento de preço leva a uma forte ou leve redução nas quantidades demandadas? A resposta correta é: depende do produto ou do serviço. A reação do consumidor não será a mesma quando há elevação de preço de um medicamento (sem alternativa de genérico) e de um produto para higiene bucal, com muitos substitutos no mercado, não é verdade?

Exemplo1: Suponha que os preços de certo produto aumentaram 15% (Δ% P), e as quantidades adquiridas caíram

[4] É preciso ressaltar que, dado que a curva de demanda tem relação inversa entre quantidades e preços, o sinal da elasticidade-preço da demanda seria negativo. A fim de evitar erros de interpretação, o sinal do coeficiente não será levado em consideração. Para essa discussão, ver Ferguson (1987:56-57).

25% (Δ% Qd). O que acontecerá com a receita de vendas da empresa em relação a esse produto?

$$Epd = \Delta\%\ Qd \div \Delta\%\ P = (25 \div 100) \div (15 \div 100) = 0{,}25 \div 0{,}15 = 1{,}66$$

O resultado da elasticidade-preço da demanda ficou em 1,66. Para cada aumento de preço de 1% ocorrerá queda de 1,66% nas quantidades adquiridas. Ou, ainda, se os preços subirem 10% haverá queda de 16,6% no consumo. Embora o empresário ou o gerente tenha elevado o preço de seu produto na expectativa de obter maior receita de vendas, esta se reduziu porque o consumidor reagiu mais que proporcionalmente. A demanda por este produto é muito sensível aos movimentos de preços. Sempre que o resultado da elasticidade-preço resultar num valor maior que 1, diz-se que a demanda é elástica, e a receita de vendas cai.

Exemplo 2: Suponha que o preço de uma determinada mercadoria aumentou 25% (Δ% P), e as quantidades adquiridas caíram apenas 10% (Δ% Qd). O que acontecerá com a receita de vendas desta mercadoria?

$$Epd = \Delta\%\ Qd \div \Delta\%\ P = (10 \div 100) \div (25 \div 100) = 0{,}10 \div 0{,}25 = 0{,}4$$

A elasticidade-preço da demanda resultou em 0,4. Para cada aumento de preço de 1% ocorrerá redução de 0,4% nas quantidades adquiridas. Ou, ainda, se os preços subirem 10%, haverá pequena queda de 4% nas quantidades consumidas. Logo, a decisão do empresário ou do gerente em elevar o preço resultará em aumento de sua receita de vendas. Isto porque o consumidor não encontrou alternativas no mercado para substituir plenamente esta mercadoria, então continuou a adquiri-la, embora em quantidades menores. A sua demanda é comparativamente pouco sensível à subida dos preços. Sempre que o resultado da elasticidade-preço resultar num valor menor que 1, diz-se que a demanda é inelástica, e a receita de vendas sobe.

A elasticidade-preço da demanda pode ser visualizada na figura 7, onde se vê que na curva de demanda elástica (a), as variações nas quantidades são mais que proporcionais às variações nos preços.[5] Ao contrário, quando da demanda inelástica (c), as respostas nas variações das quantidades demandadas são menos intensas que as variações de preço. Na demanda unitária, as variações nas quantidades demandadas são idênticas às de preços — diagrama (b).

Figura 7
DEMANDA E ELASTICIDADE-PREÇO

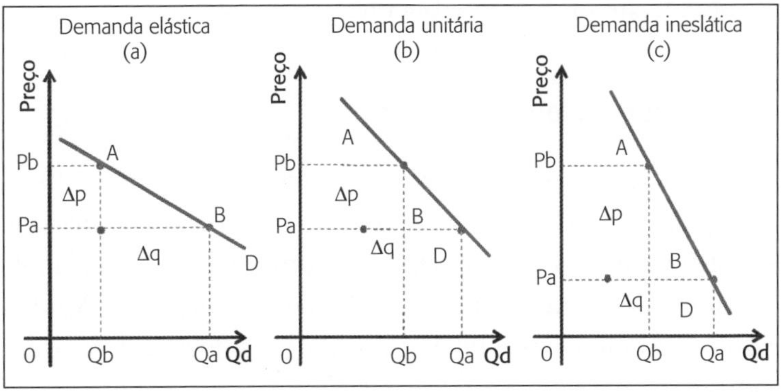

Os conceitos de elasticidade-preço e os respectivos impactos sobre as receitas de vendas podem ser resumidos como segue:

[5] Há um equívoco em associar o conceito de elasticidade-preço da demanda com a inclinação da curva de demanda. Embora não sejam as mesmas coisas, porque as elasticidades estão associadas às curvas de preço-consumo (não tratadas aqui), far-se-á tal associação apenas para ajudar na visualização do conceito estudado.

- *demanda elástica* — maior que 1 = quando a variação percentual do preço resulta em uma variação maior na quantidade demandada. A receita total cai quando o preço sobe porque as quantidades caem mais do que proporcionalmente à variação do preço;
- *demanda inelástica* — menor que 1 = quando a variação percentual do preço resulta em uma variação menor na quantidade demandada. A receita total aumenta quando o preço sobe porque as quantidades caem menos do que proporcionalmente à variação do preço;
- *demanda unitária* — igual a 1 = quando a variação percentual do preço resulta em uma variação idêntica na quantidade demandada. A receita do produtor não se modifica quando os preços se alteram porque as quantidades demandadas se modificam proporcionalmente.

Fatores que afetam a elasticidade

Para os empresários em geral, a identificação do perfil da demanda por seu bem ou serviço segundo o grau de elasticidade constitui uma das mais relevantes informações na definição de estratégias de vendas e de expansão de seus negócios. Muitos fatores afetam a elasticidade-preço; alguns deles são apresentados a seguir:

- proporção da renda gasta no bem ou serviço — quanto mais o consumidor despende na aquisição de certo bem ou serviço, mais importância ele tem em seu orçamento. Portanto, se o preço aumentar, os consumidores estarão mais propensos a buscar alternativas e substituí-lo por outro. Assim, mais elástica será a demanda;
- restrição quanto à definição do produto — quanto mais restrita for a definição de um produto, por exemplo, "sa-

bonete da marca X", mais inelástica será sua demanda. Já a definição de "sabonetes", ao enfrentar mais substitutos, terá sua demanda mais elástica;

- mais informações sobre os bens e serviços substitutos — quanto mais conhecidos forem os preços e a disponibilidade dos bens substitutos no mercado (por meio de internet, folhetos, propagandas, entre outros), mais elástica será sua demanda;
- imprescindibilidade — os bens e serviços considerados "de primeira necessidade" possuem demanda mais inelástica que aqueles considerados "de luxo", que, de maneira geral, possuem demanda mais elástica.

Elasticidade-renda: mensuração

As opções de produtos e as quantidades que compõem uma cesta de consumo individual ou familiar têm estreita relação com as variações de renda real. Como discutido, variações positivas de renda elevam as quantidades demandadas dos bens e serviços normais e superiores. O estudo da elasticidade-renda da demanda (Erd) mensura a reação dos indivíduos no que diz respeito às quantidades adquiridas quando há modificações de renda real, sendo a razão entre a variação percentual nas quantidades demandadas (Δ% Qd) e a variação percentual de renda real (Δ% R), ou seja, $Erd = \Delta\%\ Qd \div \Delta\%\ R$.

No estudo da elasticidade-renda é importante distinguir bens de primeira necessidade e aqueles considerados de luxo. É intuitivo pensar que quando a renda varia positivamente os bens básicos tendem a apresentar menor reação no consumo que os bens de luxo (lazer, bebidas importadas, entre outros), não é mesmo? A resposta mais plausível é que, de certa forma, as necessidades básicas já são atendidas, e quando uma pessoa melhora de renda não necessariamente compra maior quantidade de alimentos, por exemplo. Contudo, como há restrições de orçamento, muitas famílias não conseguem adquirir bens não tão essenciais, e quando ocorre alguma melhoria de renda, o desejo latente se realiza.[6]

Como visto, o sinal do coeficiente da elasticidade-preço da demanda não é levado em consideração. Contudo, no estudo sobre a elasticidade-renda o sinal encontrado é considerado. Isto porque há relação positiva entre as quantidades adquiridas e o aumento de renda, sobretudo para a maioria dos bens e serviços. Para coeficientes positivos diz-se que os bens são normais ou de luxo, sendo a demanda inelástica (coeficiente menor que 1) para os bens normais e elástica (coeficiente maior que 1) para os bens de luxo. Para coeficientes negativos diz-se que os bens são considerados inferiores, de baixa qualidade de acordo com a percepção do consumidor.

Exemplo 3: Suponha que a renda real de uma família aumentou em 10% (Δ% R) e as quantidades adquiridas de certa cesta de bens subiram apenas 3% (Δ% Qd).

$$Erd = \Delta\%\ Qd \div \Delta\%\ R = (3 \div 100) \div (10 \div 100) = 0{,}03 \div 0{,}10 = +\ 0{,}3$$

A elasticidade-renda resultou em 0,3. Para cada aumento de renda de 1% ocorre pequeno aumento de 0,3% nas quantidades consumidas. Ou ainda, se a renda subir 10%, haverá aumento de tão somente 3%. Logo, o acréscimo no consumo teve pouca alteração em relação ao aumento de renda. Isto porque os indivíduos, ou mesmo membros de uma família, não sentiram vontade de consumir maiores quantidades. Esta situação ocorre com bens básicos, de primeira necessidade, que enfrentam demanda inelástica.

[6] Sobre esse assunto, ver Matesco e Schenini (2010).

Exemplo 4: Suponha que a renda de uma família aumentou 15% (Δ% R) e a quantidade adquirida de certa marca de bebida tenha diminuído 5% (Δ% Qd).

$$Erd = \Delta\%\ Qd \div \Delta\%\ R = (-5 \div 100) \div (15 \div 100) = -0{,}05 \div 0{,}15 = -0{,}33$$

A elasticidade-renda resultou em –0,33. Para cada aumento de renda de 1% ocorre queda de 0,33% nas quantidades consumidas. Ou, ainda, se a renda subir 10% haverá redução de 3,3% no consumo. Logo, ao melhorar de renda o indivíduo reduz o consumo desta bebida por ser ela considerada de baixa qualidade ou um bem inferior. Alguns estudos empíricos encontraram valores negativos para determinados produtos: vinhos, margarinas e farinha de trigo.[7]

Em síntese, para os bens normais (básicos ou de luxo) a elasticidade-renda é positiva, ou seja, a demanda aumenta quando a renda real aumenta *ceteris paribus*. Para os bens superiores ocorrem aumentos de demanda mais que proporcionais aos acréscimos de renda, e o coeficiente da elasticidade-renda também é positivo. Para os bens inferiores, as quantidades demandadas caem quando a renda real aumenta, resultando no coeficiente da elasticidade-renda negativo.

A teoria da oferta

A oferta de um produto é a dada pela quantidade que os produtores desejam vender a um determinado nível de preço, e este se constitui em uma das variáveis mais importantes nas decisões de negócios, que visam, sobremaneira, à maximização de lucro. De maneira simples, o lucro é a diferença entre a

[7] Ver, por exemplo, Ferguson (1987:122).

receita de vendas e os custos de produção, e estes aumentam à medida que as quantidades ofertadas são maiores. Logo, o produtor precisa vender mais para obter mais receita. Quanto maior o preço e maior a quantidae ofertada, maior será o lucro, *ceteris paribus*.

Quando o preço é elevado, a venda é lucrativa e a quantidade ofertada tende a se expandir. Em outro sentido, quando o preço é baixo, o negócio torna-se menos rentável e a produção cai. Por outro lado, quando o preço aumenta, a quantidade ofertada também aumenta. Tal fato é conhecido como "lei da oferta".

A figura 8 representa a relação positiva entre a quantidade ofertada e seu preço. Quando o preço aumenta de R$ 8,00 para R$ 10,00, a quantidade ofertada aumenta, passando de 15 unidades para 20 unidades. Isto porque os ofertantes têm expectativa de maior obtenção de lucro.

Figura 8
A CURVA DE OFERTA

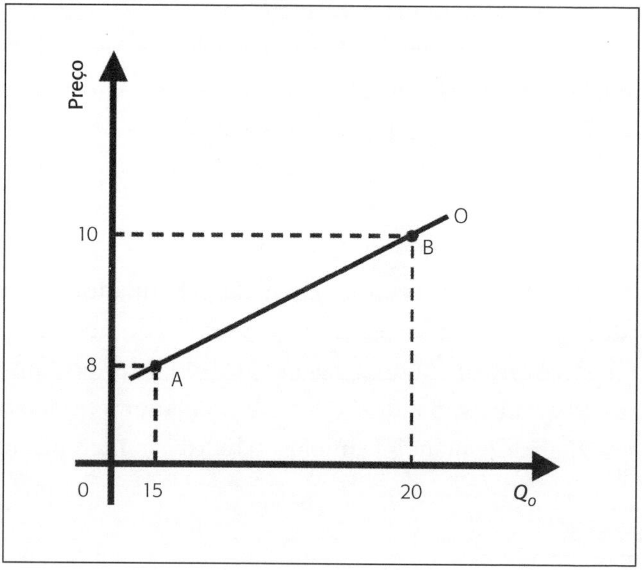

Determinantes da oferta

São vários os determinantes que influenciam a oferta de mercado. Algebricamente, a quantidade ofertada (Qo), expressa pela curva de oferta, pode ser descrita pela seguinte função: $Qo = f\ (P, P_S, PF, T,$ entre outros), onde:

P = preço do bem ou serviço;
P_S = preços dos bens ou serviços concorrentes;
PF = preços dos fatores de produção; e
T = tecnologia.

Ou, mais detalhadamente:

- preço do bem ou serviço — alterações no preço do bem ou serviço levam a movimentos em uma mesma curva de oferta. Já deslocamentos entre curvas ocorrerão quando o preço do bem permanecer constante e as quantidades ofertadas variarem. Isto se deve a alterações no comportamento de outras variáveis que também influenciam a oferta. Neste caso a curva de oferta sofrerá deslocamento para a direita ou para a esquerda, indicando que, para um mesmo nível de preços, por exemplo, R$ 10,00, novas quantidades ofertadas passam a ser verificadas, conforme apresentado na figura 9. Quando ocorrerem alterações em variáveis que afetem positivamente a lucratividade dos negócios, as empresas aumentarão a oferta, deslocando a curva para a direita (O_A para O_B). Quando fatores afetarem negativamente, a curva de oferta se deslocará para a esquerda, de O_A para O_C;

Figura 9

MOVIMENTOS NA CURVA DE OFERTA E ENTRE CURVAS

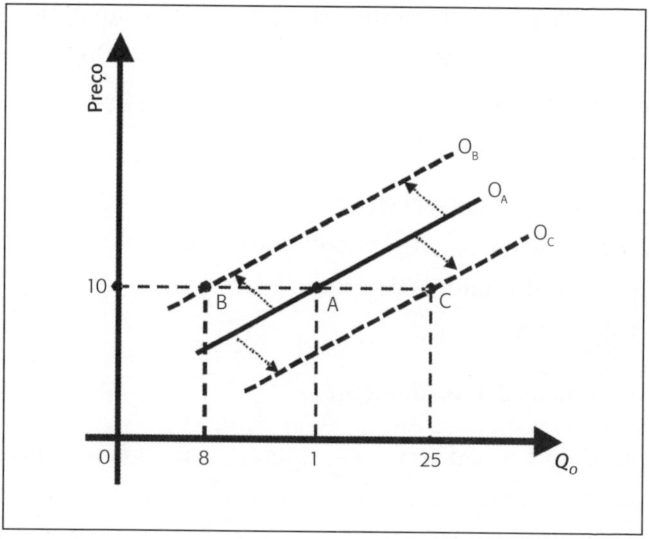

- preços de bens ou serviços concorrentes — a quantidade ofertada sofre influência do preço dos bens e serviços concorrentes. Se, por exemplo, o preço do trigo aumenta, a produção de soja tende a diminuir em uma determinada região. Tal fato ocorre devido à migração de produtores de soja para o trigo, dado que esta produção se tornou mais rentável. A área plantada de trigo irá aumentar ao passo que a de soja irá diminuir. Assim, quando o preço do produto A, concorrente na produção, aumentar e o preço do produto B permanecer fixo, isto tornará a produção de B menos lucrativa e, assim, a quantidade a ser ofertada será reduzida. A lógica de deslocamento da curva de oferta é a mesma da análise anterior. Aumentos na oferta deslocarão a curva para a direita, ao passo que retrações a deslocarão para a esquerda;

- preços dos fatores de produção — dado que a quantidade produzida está relacionada diretamente à sua função de produção, os custos dos fatores utilizados no processo produtivo tornam-se elementos-chave. Assim, para um mesmo nível de preço, aumentos de custos de produção reduzem a viabilidade dos negócios, desestimulando as empresas no que se refere à oferta do produto em questão, visto que a continuidade irá afetar a lucratividade do negócio na medida da utilização do fator que teve seu preço elevado. Um exemplo clássico foi a forte elevação do preço do petróleo, recurso natural, ocorrida em 1973, que, por afetar diretamente as cadeias de produção, levou a aumentos de custos para as indústrias, afetando (quase) todo o sistema produtivo mundial da época;
- tecnologia — toda função de produção é determinada por certa tecnologia específica e, por isso, atualizações tecnológicas tornam os processos produtivos mais eficazes, configurando-se como redutoras de custos e fator de elevação de produtividade. Quanto mais acentuadas forem tais atualizações, maior será a lucratividade (custo unitário menor), desencadeando deslocamentos positivos nas curvas de oferta.

A curva de oferta individual e de mercado

Cada empresa possui sua própria curva de oferta, e o comportamento da quantidade ofertada varia com o seu preço, *ceteris paribus*, deslocando-se para a direita ou para a esquerda quando algum determinante, que não o preço do próprio bem, se altera. Neste sentido, cada empresa isolada contribui para a formação da oferta de mercado, cujo resultado será o somatório das ofertas individuais das empresas dentro de um mercado específico. Na figura 10, para o preço igual a R$ 10,00 a empresa A produz 20 unidades, enquanto a B produz 15 unidades. Assim, a oferta de mercado para esse mesmo nível de preço será de 35 unidades (20 + 15). O número de empresas tem influência direta sobre as quantidades ofertadas e, portanto, sobre a curva de oferta de mercado.

Figura 10
Oferta individual e de mercado

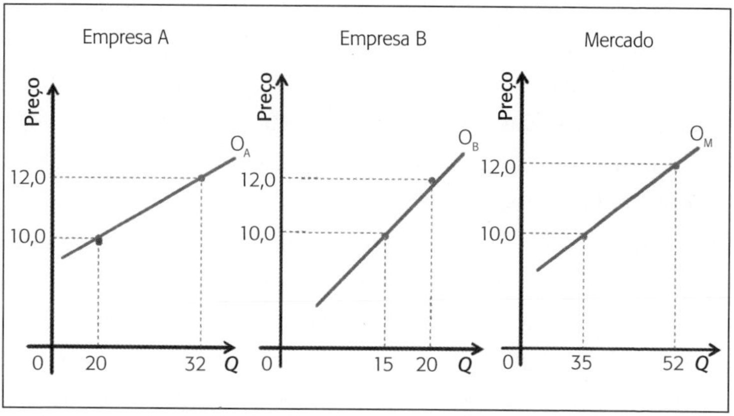

Elasticidade da oferta

Da mesma maneira que na demanda, a elasticidade da oferta é uma medida de sensibilidade que mensura a variação percentual das quantidades ofertadas mediante variações percentuais em algum determinante da oferta. A reação do produtor está ligada à sua capacidade de alterar o processo produtivo diante de transformações ocorridas nos ambientes interno e externo da empresa. Crises internacionais que afetam as expectativas e a lucratividade das vendas, elevações nos preços das matérias-primas e dos insumos ou reduções dos preços dos bens concorrentes podem desestimular o empresário a continuar produzindo, levando-o a encerrar o negócio. Por outro lado, um ambiente de negócios favorável pode incentivá-lo a aumentar sua produção. O padrão e a estrutura do processo produtivo têm papel fundamental na determinação da elasticidade da oferta.

Elasticidade-preço da oferta

Os produtores sempre reagem em relação às quantidades ofertadas quando os preços do bem se alteram. Como a reação está diretamente relacionada com o tempo da produção, assumindo mensurações distintas para períodos de tempo diferentes, a questão central é identificar se essa reação é maior ou menor. Para grande parte dos segmentos produtivos, a oferta tende a ser mais elástica no longo do que no curto prazo. Isto porque no curto prazo há certas restrições que dificultam aumentos significativos na produção, como dificuldades de aquisição de matérias-primas, insumos, entre outros.

Dois exemplos distintos ilustram essa discussão. Suponha que os preços da alface e do minério de ferro sofram reajustes de 100%. O que deve acontecer com as quantidades ofertadas desses produtos? Pela lei da oferta, é esperado que ambos os segmentos aumentem a produção, dado o estímulo da elevação dos preços. Mas qual será a capacidade de resposta destes sistemas produtivos? Serão semelhantes? O valor do coeficiente da elasticidade-preço da oferta (*Epo*) — razão entre a variação percentual das quantidades ofertadas (Δ% Qo) e a variação percentual dos preços (Δ% P) — nos dá essa relevante informação, ou seja: $Epo = \Delta\%\ Qo \div \Delta\%\ P$.

Por um curto período de tempo, é possível obter aumentos significativos da oferta de alface, dado que sua produção é comparativamente rápida e que não existem barreiras a novos entrantes neste mercado; por isso sua oferta tende a ser elástica. A oferta de minério de ferro, por sua vez, dificilmente sofrerá grandes alterações em um prazo curto. O elevado montante de investimentos requeridos e o demorado ciclo de maturação destes, bem como as dificuldades a novos entrantes, asseguram que, num prazo curto, a resposta a maiores ofertas de minério de ferro seja pouco sensível a estímulos de preços, neste caso, diz-se que a oferta de curto prazo deste segmento é inelástica.

Exemplo 5: Suponha que o preço de um bem aumentou 15% (Δ% P) e a quantidade produzida subiu 30% (Δ% Qo). Este bem enfrenta uma oferta elástica ou inelástica?

$$Epo = \Delta\%\ Qo \div \Delta\%\ P = (30 \div 100) \div (15 \div 100) = 0{,}30 \div 0{,}15 = 2$$

O resultado da elasticidade-preço da oferta ficou em 2. Para cada aumento de preço de 1% ocorrerá elevação da oferta de 2%. Isto demonstra que a estrutura produtiva deste bem enfrenta poucas restrições e é capaz de responder prontamente aos estímulos de preços. Logo, a oferta é elástica.

Exemplo 6: Suponha, agora, que o preço de outro bem aumentou igualmente 15% (Δ% P) e a quantidade produzida subiu apenas 3% (Δ% Qo). Este bem enfrenta oferta elástica ou inelástica?

$$Epo = \Delta\%\ Qo \div \Delta\%\ P = (3 \div 100) \div (15 \div 100) = 0{,}03 \div 0{,}15 = 0{,}2$$

O resultado da elasticidade-preço da oferta ficou em 0,2. Para cada aumento de preço de 1% ocorrerá elevação da oferta de apenas 0,2%. Isto demonstra que a estrutura produtiva é incapaz de responder no curto prazo a tais estímulos. Logo, a oferta é inelástica.

Para analisar visualmente as diferentes reações, expressas pelas medidas de elasticidade-preço, a figura 11 apresenta três curvas, representantes da capacidade distinta de ofertar frente às variações de preços (P_1 e P_2). A oferta de A representada pela curva O_A é a menos sensível às variações de preço, quando comparada às ofertas em B ou C. É possível observar que a variação da quantidade ofertada em A, de Q_{1A} para Q_{2A}, é inferior à variação de preço, de P_1 para P_2, caracterizando-a como oferta inelástica. Por outro lado, a curva de oferta O_C é mais sensível às elevações de preços, de P_1 para P_2, que resultaram em aumentos mais que proporcionais nas quantidades ofertadas, de Q_{1C} para Q_{2C}, caracterizando C como oferta elástica, cuja produção responde bem aos estímulos de preços.

Figura 11
ELASTICIDADE-PREÇO DA OFERTA

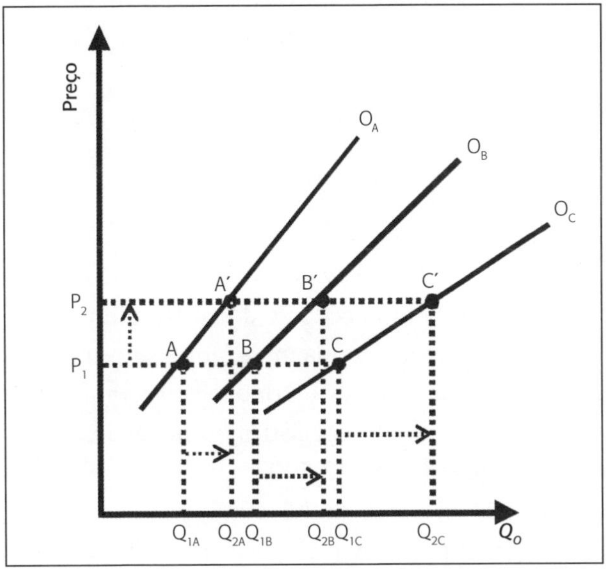

Daí se conclui que:

- *oferta elástica* — maior que 1 = quando a variação percentual no preço resultar em uma variação percentual maior na quantidade ofertada;

- *oferta inelástica* — menor que 1 = quando a variação percentual no preço resultar em uma variação percentual menor na quantidade ofertada;
- *oferta unitária* — igual a 1 = quando a variação percentual no preço resultar em uma variação percentual idêntica na quantidade ofertada.

Este capítulo analisou o comportamento, os determinantes e as reações dos ofertantes e demandantes em suas decisões de consumir e de produzir quando ocorrem modificações em certos condicionantes ligados às decisões de consumo e de produção. O capítulo seguinte irá complementar essas análises na perspectiva da teoria da empresa. O equilíbrio de mercado, o nível ótimo e os custos de produção serão abordados, privilegiando-se também a análise das estruturas de mercado nas perspectivas dos ofertantes (produtores) e dos demandantes (consumidores).

Exercícios de revisão

1. O que se entende por excedente do consumidor?
2. Suponha que o preço de uma mercadoria sofreu reajuste de 12% e que as quantidades ofertadas cresceram 20%. Essa mercadoria enfrenta oferta elástica ou inelástica?
3. Um supermercado vende 2.500 pacotes de massas importadas por mês ao preço de R$ 10,00 por pacote. No mês seguinte o gerente decidiu fazer uma promoção. O preço caiu para R$ 8,00 e as vendas aumentaram para 3.500 unidades. Calcule a elasticidade-preço da demanda por essas massas.
4. Admita que o governo, com problemas de queda de arrecadação, decidiu implementar um imposto adicional de 15% sobre o preço final da gasolina. Como consequência, o que acontecerá com o consumo de pneus?

3

Mercado e produção: equilíbrio, teoria da empresa e estrutura

No capítulo anterior foram definidas as curvas de demanda e de oferta, descrevendo as variáveis que influenciam seus movimentos e suas inclinações, expressas pelo conceito de elasticidade da oferta e da demanda. Neste capítulo serão abordadas as forças do mercado, onde as quantidades transacionadas e o preço de equilíbrio são delimitados de modo a conciliar os interesses antagônicos de consumidores e produtores. Após analisar o comportamento das curvas de oferta e de demanda, discutir-se-ão os custos e o processo de produção. A relação entre produção e custos e as formas de mensurar a produtividade permitirão melhor compreender a determinação do nível de produção que maximiza o lucro empresarial. Por fim, o estudo das estruturas de mercado será de grande importância para os tomadores de decisões, que necessitam conhecer os instrumentos analíticos úteis ao entendimento das formas de competição de cada estrutura produtiva.

O mercado: a interação entre demanda e oferta

No capítulo anterior foram delimitadas as curvas de mercado a partir do somatório das demandas e das ofertas individuais. Na interseção entre as curvas de oferta e de demanda é determinado o nível de preço e de quantidade que irá satisfazer plenamente compradores e vendedores, denominado "equilíbrio de mercado". Na figura 12 vê-se que o preço (P*) e as quantidades transacionadas (Q*) são equilibrados, porque a quantidade que os consumidores desejam comprar é igual à quantidade que os produtores desejam vender, para certo nível de preço.

Figura 12
EQUILÍBRIO DE MERCADO

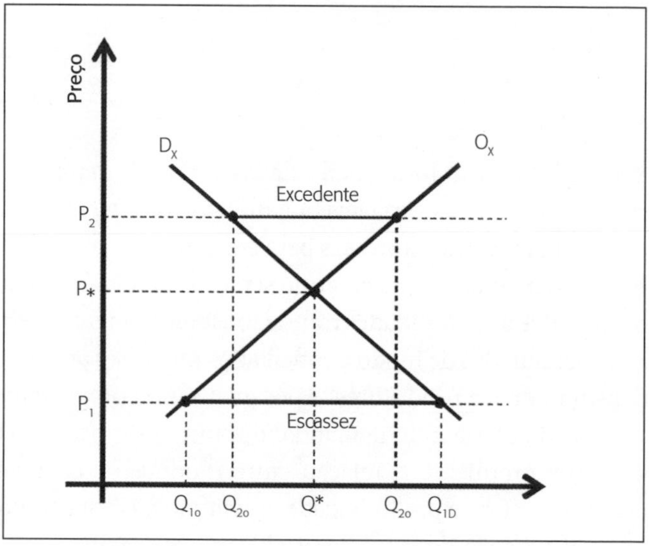

Para qualquer preço superior a P* a quantidade que os ofertantes desejam vender ($Q2_0$) é superior àquela que os consumidores desejam comprar ($Q2_D$). Em linguagem teórica, diz-se que existe excesso de oferta. Quanto maior o preço (P_2), maior será o excesso de oferta e, para qualquer preço inferior a P* (P_1), surgirá escassez de oferta. Em outras palavras, quanto menor o preço, maior será o excesso de demanda. Em qualquer destas situações, fora do equilíbrio não existe compatibilidade de desejos. Quando ocorre pressão de demanda e pouca oferta, a economia tende a desencadear movimentos de elevação dos preços, pois os compradores, incapazes de comprar tudo o que desejam ao preço existente, dispõem-se a pagar mais. Quando a oferta é muito elevada em relação à demanda, as pressões são para que os preços caiam, pois os vendedores percebem que não podem vender tudo o que desejam, seus estoques aumentam e, assim, passam a oferecer seus produtos a preços menores.

Uma vez alcançado o equilíbrio, compradores e vendedores estão satisfeitos, e não há pressão de preços para cima ou para baixo. A tendência do movimento dos preços no mercado em direção ao equilíbrio é denominada "lei da oferta e da demanda", cujo movimento de preço equilibra as quantidades ofertadas e demandadas. Nesse contexto, as forças de mercado conduzem a economia ao equilíbrio, conceito que nos remete ao economista clássico Adam Smith, que atestava a existência de uma mão invisível que sempre conduzia a economia ao estado de equilíbrio (Smith, 1980).

Deslocamentos das curvas de oferta e de demanda

Existem vários fatores que podem provocar deslocamentos das curvas de oferta e de demanda, alterando o equilíbrio. Suponha, por exemplo, que o mercado de X, um bem normal ou superior, esteja em equilíbrio em P_1 e Q_1, ponto A da figura 13. Admita, agora, que os consumidores tenham alcançado melhoria de poder aquisitivo. Consequentemente, a demanda pelo bem X se elevará, *ceteris paribus*. Isso resulta em um deslocamento da curva de demanda para a direita, de D_1 para D_2. Assim, ao preço P_1, tem-se um excesso de demanda, o que provocará aumentos de preços até que tal excesso seja eliminado. O novo equilíbrio se dará ao preço P_2 e quantidade Q_2, que correspondem ao ponto B na figura 13.

Figura 13

A OFERTA E OS DESLOCAMENTOS DA CURVA DA DEMANDA

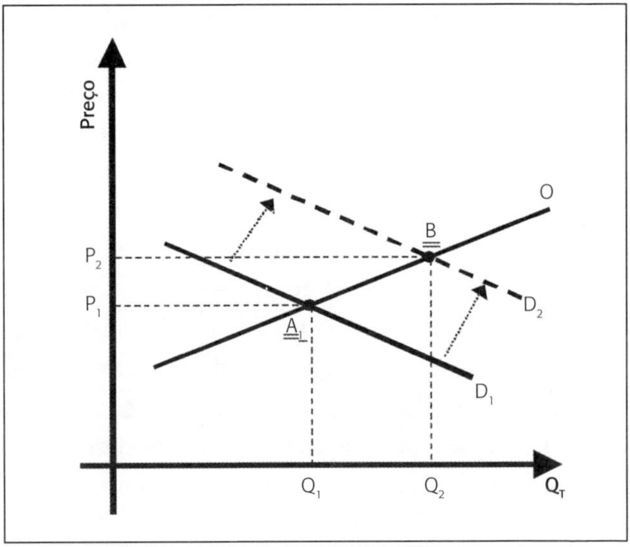

No caso inverso, em que, por exemplo, ocorra uma queda do poder aquisitivo dos indivíduos, a demanda se deslocará para baixo. O novo equilíbrio dar-se-á em um patamar de preço e quantidade menores. Da mesma forma, um deslocamento da curva de oferta afeta a quantidade e o preço de equilíbrio. Suponha que os preços das matérias-primas do bem X caiam. Como consequência, a curva de oferta do bem X se deslocará para a direita, conforme mostra a figura14. Por um raciocínio análogo ao anterior pode-se perceber que o preço de equilíbrio se tornará menor e a quantidade será maior. Agora os produtos podem ser vendidos a um preço mais baixo, mantendo a mesma margem de lucro. Por outro lado, preços menores irão atrair mais consumidores, aumentando as quantidades transacionadas neste mercado, com movimento em direção ao ponto B.

Figura 14

A DEMANDA E OS DESLOCAMENTOS DA CURVA DE OFERTA

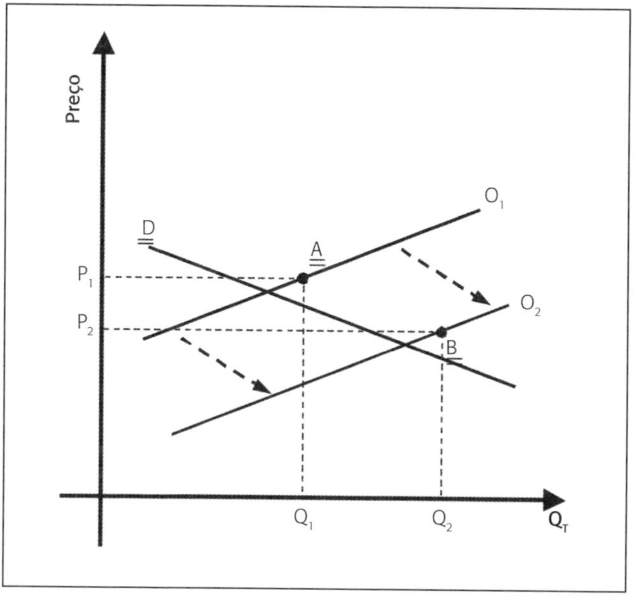

Teoria da empresa: produção e custos

Da mesma maneira que o consumidor, as empresas necessitam tomar certas decisões no intuito de maximizar sua utilidade. A empresa busca obter o maior lucro possível dado um conjunto de restrições, escolhendo o processo produtivo mais adequado às suas condições. Esta escolha envolve decisões acerca da tecnologia a ser empregada e das quantidades de fatores a serem alocados, levando em conta os preços destes, que serão custos para as empresas. A transformação de fatores de produção em bens e serviços é um processo resultante de uma função de produção, que descreve uma relação entre os insumos (*inputs*) e os produtos (*outputs*). Simplificadamente, a função de produção pode ser assim representada: $Y = f(K, L)$, onde Y é o conjunto de bens e serviços, K é o estoque de capital e *L* é o número de trabalhadores. O conhecimento tecnológico é dado pelo termo *f*.[8]

Antes de avançar é necessário definir dois conceitos básicos: (a) curto prazo e (b) longo prazo. O primeiro é o período durante o qual ao menos um dos fatores de produção permanece fixo. O segundo refere-se ao tempo necessário para que uma empresa consiga alterar o estoque de todos os fatores de sua função de produção. Comparando duas empresas com diferentes estruturas produtivas é possível constatar tal distinção. Imagine que uma empresa de petróleo necessitasse de quatro a seis anos para construir plataformas de extração, e com isso alterar sua estrutura de capital produtivo. Portanto, para esta empresa, somente após tal prazo o fator capital se tornaria variável, caracterizando o que para ela é curto e longo prazo; o tempo exigido para aumentar sua produção é muito elevado. Agora imagine uma padaria em que seu proprietário pode comprar maquinaria e aumentar a fabricação de pães em poucos meses, o que caracteriza, neste negócio, um período diferente entre o curto e o longo prazo.

Uma vez apresentadas as diferenças conceituais de curto e longo prazo, qual seria o comportamento da produção em ambos os casos? No longo prazo, a produção poderia ser aumentada na medida em que se elevasse o montante de fatores empregados no processo produtivo. No curto prazo, no entanto, tal condição não seria possível. Como ao menos um fator é fixo, como as empresas procedem para aumentar a produção? Em outro sentido, quais serão as quantidades que estas empresas desejam produzir? Tais questões são importantes na definição das estratégias de negócios e na busca pela obtenção do lucro operacional.

---

[8] Note que a função aqui apresentada subtraiu o termo (T) referente aos recursos naturais, conforme descrito no capítulo 1. Esta simplificação não altera as características da função, que apresenta os dois fatores mais relevantes de um processo produtivo.

Produção e custos

Admita que o estoque de máquinas e equipamentos seja constante e o empresário decida avaliar sua produção mediante a contratação de trabalhadores. A tabela 4 apresenta, hipoteticamente, o montante produzido, de acordo com a contribuição de cada trabalhador incorporado ao processo.

Tabela 4

PRODUÇÃO, PRODUTOS MÉDIO E MARGINAL

Quantidade de trabalho (L)	Quantidade de capital (K)	Produção (Y)	Produto médio (Y/L)	Produto marginal (ΔY ÷ ΔL)
0	10.000	0	0	0
1	10.000	500	500	500
2	10.000	1.500	750	1.000
3	10.000	3.000	1.000	1.500
4	10.000	4.000	1.000	1.000
5	10.000	4.750	950	750
6	10.000	5.400	900	650
7	10.000	5.600	800	200
8	10.000	5.600	700	0
9	10.000	5.400	600	–200
10	10.000	5.000	500	–400

As duas primeiras colunas demonstram os valores dos fatores (K) e (L) e a terceira, a produção total (Y). As duas últimas colunas apresentam os conceitos de produto médio (Y ÷ L) e produto marginal (ΔY ÷ ΔL). O produto médio é a quantidade média que cada trabalhador produz, enquanto o marginal é a produção adicional propiciada pela contratação de mais um trabalhador. É possível observar que o número de trabalhadores altera a quantidade produzida de maneira diversa. Sem trabalhadores é impossível produzir. Portanto, quando o número de trabalhadores é zero, a produção é nula. À medida que a empresa vai contratando, a produção vai aumentando até o ponto em que ela admite o oitavo trabalhador. A partir daí a produção começa a declinar, apesar de um maior número de trabalhadores empregados. Isto ocorre porque os trabalhadores começam a prejudicar as tarefas uns dos outros, por isso a empresa não deve ter interesse em admitir o oitavo trabalhador, uma vez que sua contratação mostra-se economicamente inviável.

Quando a empresa contrata o primeiro trabalhador a produção passa de 0 para 500 unidades. O produto médio é de 500 unidades e o marginal também de 500 unidades. Com a contratação do segundo, a produção sobe de 500 para 1.500 unidades, sendo que o trabalhador adicional acrescentou mil unidades (produto marginal deste trabalhador) e o produto médio passou de 500 para 750 unidades. À medida que a empresa admite mais empregados a produção se eleva, até o oitavo trabalhador. Depois, novas contratações resultam apenas em diminuição da produção total. Por outro lado, a produtividade marginal atinge um ponto máximo no terceiro trabalhador e depois começa a decrescer. O mesmo ocorre com a produtividade média, que após o quarto trabalhador também passa a ser decrescente. O produto médio e o produto marginal possuem relação direta entre si: quando o produto marginal é maior que o produto médio, este último é crescente; e quando o produto marginal passa a ser inferior ao produto médio, este começa a decrescer.

Outro exemplo ilustra bem essa relação. Considere a altura média de uma turma. Quando a sala está vazia a estatura média da turma é zero. O primeiro aluno a entrar na sala mede

1,50 m, fazendo com que a média seja de 1,50 m. O próximo aluno mede 1,60 m. A média agora sobe para 1,55 m. O aluno seguinte mede 1,70 m, elevando novamente a média para 1,60 m. Enquanto entrarem alunos com estatura acima da média, esta irá subir. Quando a turma começar a receber alunos abaixo da média, ela irá cair. A média de altura da turma pode ser vista como o produto médio, e cada aluno que entra na sala como o produto marginal. Tanto o produto médio quanto o marginal são variáveis relacionadas à produtividade da mão de obra. A produtividade média é máxima quando a curva de produto marginal intercepta a curva de produto médio. Em ambos os sentidos a produtividade do trabalho cai após a contratação do quarto trabalhador. No entanto, a partir do terceiro trabalhador é possível observar uma queda no produto marginal. Tal fato demonstra uma importante regra na economia: a chamada "lei dos rendimentos marginais decrescentes".

Segundo este princípio, os rendimentos adicionais decorrentes da utilização de uma unidade a mais de um fator são decrescentes. Portanto, no exemplo acima, a partir de certo estágio o produto adicionado à produção pela introdução de um trabalhador a mais é cada vez menor. Embora os rendimentos marginais decrescentes não estejam presentes durante toda a curva de produção, eles são importantes, pois se situam na parte da curva onde a maioria das empresas decide produzir. Não obstante, o fato de o produto marginal ser declinante não indica que ele seja negativo. No exemplo anterior, somente após o oitavo trabalhador o produto marginal passa a ser negativo. Do terceiro ao oitavo trabalhador a produtividade marginal do fator trabalho é decrescente e positiva. A figura 15 mostra o comportamento da função de produção e dos produtos marginais e médios desta função.

Figura 15
PRODUÇÃO TOTAL, PRODUTOS MÉDIO E MARGINAL

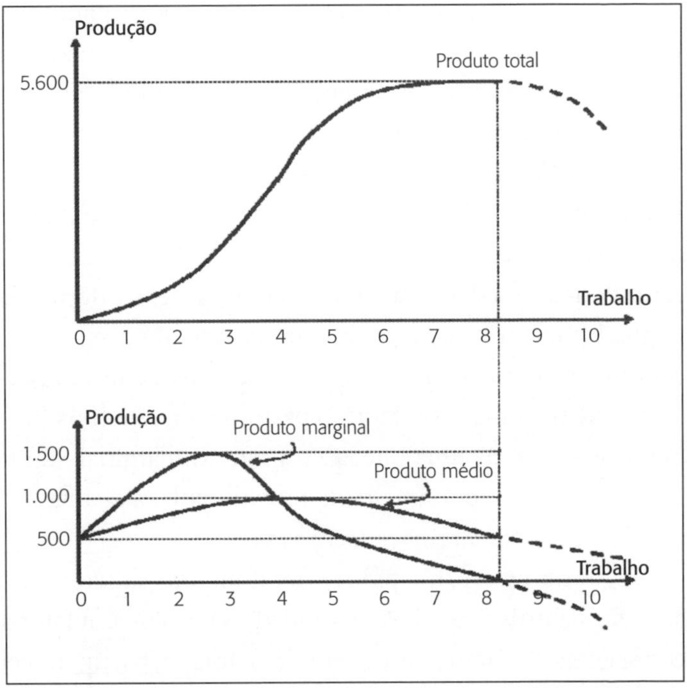

Os custos de produção estão associados às quantidades de fatores utilizados no processo produtivo multiplicadas por seus preços. Mediante a análise da estrutura e da composição dos custos a empresa decide a maneira ótima de produzir, através da qual maximizará seus lucros. O custo total (CT) desdobra-se em: (a) custo fixo (CF) e (b) custo variável (CV), ou seja, $CT = CF + CV$. O primeiro é aquele que não se altera com o nível de produção e independe da quantidade produzida, deixando de existir somente quando a empresa encerra suas atividades. O segundo, o custo variável, oscila de acordo com a produção em relação direta, ou seja, cresce quando as quantidades ofertadas aumentam.

A distinção entre custos fixos e variáveis depende da atividade e do período de tempo. A energia elétrica é um custo fixo para uma escola e um custo variável para uma usina de alumínio. Normalmente, despesas com seguro, manutenção, aluguéis e material de escritório são custos fixos, ao passo que salários dos trabalhadores e insumos são variáveis.

Embora o custo total seja um elemento importante, o empresário toma a decisão de produzir avaliando o custo unitário ou o custo médio de sua produção. Considerando o preço uma variável externa, pois em muitos mercados a empresa não possui poder sobre a determinação dele, o empresário define o nível ótimo de produção, que maximiza o lucro, pela análise e evolução do custo médio (custo total dividido pela quantidade produzida). Outra forma de obter o custo médio é pelo somatório dos custos fixos e variáveis médios (CFme e CVme), que podem ser calculados dividindo, respectivamente, o custo fixo e o variável pela quantidade produzida: $Cme = \frac{CT}{Q}$ ou $Cme = \frac{CF}{Q} + \frac{CV}{Q} = CFme = CVme$.

O custo total aumenta à medida que ocorre aumento de produção, e a variação do custo total é ocasionada pelo aumento do custo variável, uma vez que o custo fixo não se altera no curto prazo. Por sua vez, o custo médio sofre alterações tanto do custo fixo médio quanto do variável médio, uma vez que o primeiro torna-se decrescente quando as quantidades produzidas aumentam. O custo de produzir uma unidade adicional é chamado de custo marginal (Cmg), assim representado: $Cmg = \frac{\Delta CT}{\Delta Q}$.

Assim, o custo marginal influencia diretamente o comportamento da curva de custo médio, sendo que ambos, custos médio e marginal, são derivados diretamente das curvas de produtividade média e marginal.

Mantendo o conjunto de pressupostos até aqui postulados, aumentos no produto médio resultam em quedas nos custos médios da produção, e o mesmo ocorre com o produto e o custo marginais. Suponha que o único custo de uma empresa seja o valor pago ao trabalhador. Para um determinado salário, quanto mais este trabalhador produzir, menor será o custo médio unitário do bem.

Exemplo 1: Suponha que uma empresa contrate um trabalhador com um salário de R$ 1.000,00 e o trabalhador produza 500 unidades. Então, o custo médio do produto será de R$ 2,00 (1.000,00 ÷ 500).

Caso esta mesma empresa contrate mais um trabalhador e a produção aumente para 1.500 unidades, o custo total sendo de R$ 2.000,00 (1.000,00 × 2), o custo médio cairá para R$ 1,33. Por sua vez, o custo marginal para o segundo trabalhador será de R$ 1,00. Isto se deve ao fato de o segundo trabalhador aumentar a produção em mil unidades e custar R$ 1.000,00. É possível observar que, à medida que o produto médio sobe, o custo médio cai, conforme ilustrado na figura 16.

Já os custos marginais, estes aumentam à medida que a produção se eleva, devido à lei dos rendimentos marginais decrescentes. E o custo variável médio tende a aumentar com o acréscimo da produção, influenciado pelo custo marginal, ao passo que o custo fixo médio sempre cai com o aumento da produção. Em um primeiro estágio, o custo médio será elevado devido à baixa produção, o que, por sua vez, torna o custo fixo médio também elevado. Em um segundo estágio, à medida que a produção aumenta, o custo fixo médio cai, diminuindo o custo médio. O terceiro estágio é marcado pelo aumento do custo variável médio, elevando o custo médio do produto. Tal característica se deve ao fato de que o custo marginal é baixo quando a produção é pequena, e cresce aceleradamente à medida que a produção se eleva. A figura 16 permite visualizar essas observações.

Figura 16
PRODUTIVIDADE E CURVAS DE CUSTOS

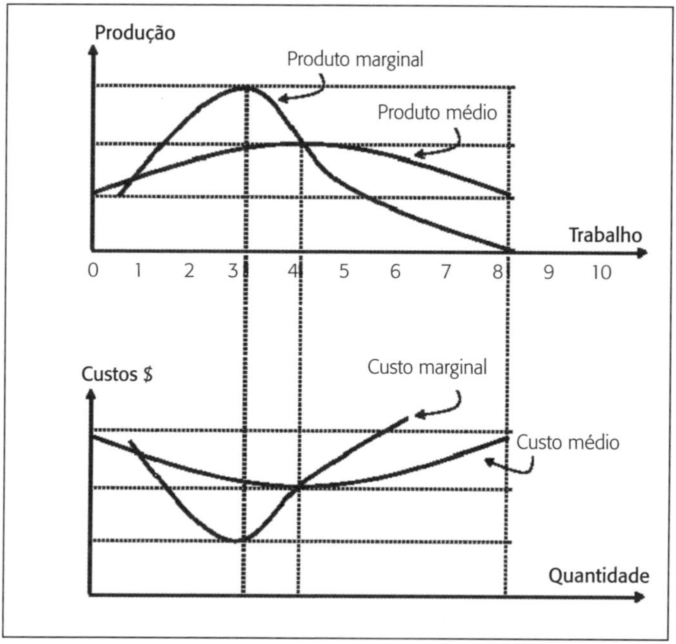

Estruturas de mercado: lucro e níveis de produção

O objetivo da empresa é maximizar lucros por meio da relação entre custos totais de produção e receitas de vendas, sendo o lucro sua diferença. De maneira geral, o lucro por produto é dado pela diferença entre o preço do produto e seu custo médio, e a receita total é alcançada multiplicando-se a quantidade vendida pelo preço de venda, ou seja, $R = Q \times P$. Os custos médios e marginais são fundamentais na determinação da quantidade a ser produzida por uma empresa. O empresário maximiza o lucro quando o preço do produto é igual ao custo marginal, ou $P = Cmg$. Isto ocorre porque a curva de custo marginal é crescente. Enquanto o custo de produzir uma unidade a mais (custo marginal) é inferior ao preço de venda, o empresário aufere lucro na sua produção e, portanto, ele segue produzindo aquelas unidades. Quando o custo marginal se iguala ao preço ele não tem mais incentivo para aumentar a produção: se continuar a fazê-lo, o custo marginal subirá e cada unidade produzida a mais terá um custo maior que o seu valor de venda. A figura 17 mostra os custos de produção em diferentes níveis de preços.

Figura 17
CUSTOS E PREÇOS

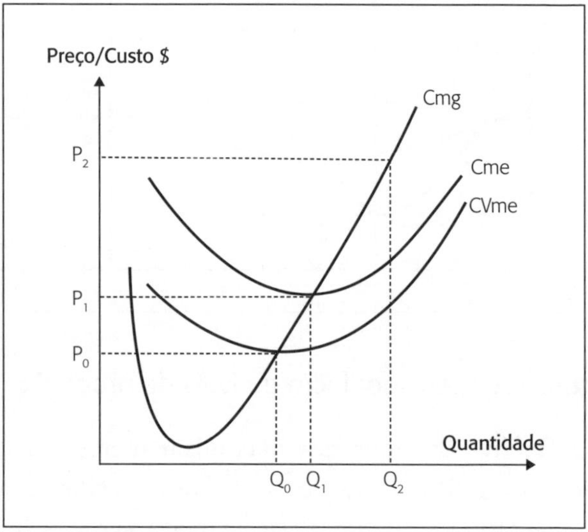

Exemplo 2: Imagine uma empresa de petróleo em que o custo de uma plataforma é considerado fixo para um determinado campo de extração. Ou seja, produzindo 1 ou 30 mil barris por dia, o custo da plataforma será o mesmo. Suponha que o seu aluguel seja de R$ 900 mil ao dia. Se a plataforma produzir 30 mil barris, o custo fixo de extração do barril será de R$ 30,00; se produzir 10 mil barris, o custo fixo subirá para R$ 90,00. Assim, é necessário que a plataforma produza

quantidades suficientes para mitigar o peso do elevado custo fixo sobre o custo final.

Uma empresa só irá produzir se o preço de mercado for igual ou superior a P_0 da figura 17, onde *P = Cmg = CVme*. Preços inferiores a P_0 não seriam capazes de cobrir nem o custo variável nem o custo fixo. Neste caso, a empresa não conseguiria arcar nem com os custos dos insumos necessários à produção, sendo preferível encerrar a atividade e arcar somente com os custos fixos. Níveis de preços entre P_0 e P_1 farão com que a empresa opere com prejuízo, porém cobrindo parte dos custos fixos. Quando uma empresa decide operar com prejuízo ela espera que, no futuro, seus preços se elevem de forma a reverter tal situação.

Quando o preço for igual a P_1, onde *Cmg = Cme*, a empresa estará auferindo lucros normais, em que todos os fatores de produção são remunerados. Dito de outra forma, lucro normal é aquele resultado em que todos os recursos empregados estão sendo remunerados pelos custos de oportunidade. Para qualquer nível de preço superior a P_1, a empresa estará auferindo lucros extraordinários, em que a remuneração dos recursos empregados é superior àquela auferida pelo mercado em geral.

Para determinar o resultado da operação, o empresário decide produzir uma quantidade tal que o preço de mercado seja igual ao custo marginal, ponto de lucro máximo ou de prejuízo mínimo. Uma vez definidas as quantidades a produzir, o resultado será dado pela diferença entre o custo médio e o preço, definido pelo lucro unitário por produto, sendo o lucro total o obtido mediante a multiplicação deste valor pelas quantidades produzidas. Note que, para lucros normais, o resultado seria zero, ou seja, não existiriam lucros econômicos e a atividade apenas remuneraria os fatores de produção empregados no processo produtivo. Valores negativos significariam prejuízos; valores positivos, lucros extraordinários.

Estruturas de mercado: oferta

A estrutura de custos no curto prazo independe do tipo de mercado em que a empresa está inserida. Contudo, sua receita e seus lucros resultarão, em grande medida, da estrutura do mercado em que ela atua. A seguir serão apresentadas as principais estruturas de mercado e seus impactos sobre o comportamento e resultados das empresas.

Concorrência perfeita

O mercado competitivo é caracterizado pela existência de muitos vendedores, sem que nenhum deles possua tamanho relevante em relação ao todo. Como cada empresa possui uma fatia pequena deste mercado e sua decisão de produção não afeta a oferta total, ela torna-se apenas tomadora e não determinadora do preço de mercado. Quando o preço é superior ou igual ao custo variável médio, a empresa decide produzir a quantidade até o ponto em que o preço se iguala ao custo marginal, não existindo nenhuma diferenciação dos bens, seja em relação à qualidade, seja em relação à marca. O mercado competitivo não apresenta barreiras à entrada e à saída de novas empresas, e existe um grande número de consumidores que, assim como as empresas, são tomadores de preços. Embora a curva de demanda de mercado seja negativamente inclinada, para uma empresa isolada a curva é horizontal. Isto caracteriza que, para esta empresa, a demanda é elástica. Uma empresa não pode elevar seus preços acima do mercado, pois, se o fizesse, nada venderia. Embora a competição perfeita seja pouco crível no mundo real, alguns negócios se aproximam desta estrutura.

Por exemplo, uma banca que venda laranjas em uma feira livre é uma boa aproximação de uma competição perfeita. O vendedor tem muitos concorrentes que vendem produtos homogêneos (laranja) e não existem barreiras à entrada ou saída de novos feirantes.

Oligopólio

O oligopólio é caracterizado pela existência de poucos vendedores, com uma participação considerável no mercado. As empresas possuem poder de mercado, sendo capazes de influenciar na determinação de preços, seja seu produto diferenciado (carros) ou homogêneo (aço). Nesse mercado a empresa obtém lucros extraordinários. Esta estrutura de mercado é caracterizada pela elevada interdependência entre os competidores e por formas distintas de competição. As barreiras à entrada são significativas e o processo de precificação de uma empresa influencia as demais. As respostas expressas em preços e em quantidades variam e têm relação direta com a participação de cada uma das empresas no mercado. Estas empresas podem tanto disputar mercado quanto cooperar. O conluio e a formação de cartéis são algumas das principais práticas características do oligopólio, no qual as empresas fazem acordos, tácitos ou não, visando influenciar os preços. Elas podem decidir alterar a produção, visando interferir no comportamento dos preços de mercado, ou combinar um determinado preço para a venda de seus produtos. Como são responsáveis por uma grande fatia do mercado, alterando sua produção conjuntamente elas deslocam as curvas de oferta, influenciando, assim, o preço final dos produtos.

Monopólio

O monopólio existe quando apenas uma empresa atua no mercado (monopólio puro) ou esta possui uma fatia tão grande deste mercado que suas decisões sobre aumentos e reduções de produção alteram significativamente a curva de oferta. O monopólio pode ser natural ou legal. Monopólio natural ocorre quando uma empresa é mais eficiente que várias do mesmo segmento, implicando que os ganhos de escala possibilitam a ela oferecer produtos por um custo menor. Por exemplo, linhas de transmissão de energia ou companhias de água e esgoto. Neste caso, a existência de uma única empresa é justificada pelo elevado custo fixo e pelo baixo custo marginal. Imagine se todas as casas tivessem duas redes de água e esgoto. O custo de instalar essas redes em uma mesma residência seria muito elevado! Como o consumo seria dividido entre as empresas, as mesmas não teriam escala para diluir os custos fixos, e isto acarretaria custos médios elevados para o produto. Neste caso, quando apenas uma empresa fornece o bem ou o serviço, os custos fixos são diluídos pelo elevado número de consumidores, possibilitando à empresa vender o produto a um preço menor, dado que seus custos médios são decrescentes.

O monopólio legal, por seu turno, é aquele determinado pelo Estado, em que o Poder Executivo determina que apenas uma empresa ofereça um produto ou preste um serviço. Durante muito tempo os setores de telefonia e de petróleo, no Brasil, foram monopólios legais. Diferentemente da concorrência perfeita, o monopólio é caracterizado pela forte barreira à entrada de novas empresas, tanto pelos custos proibitivos, pelo menos no curto prazo (monopólio natural), quanto por questões legais (monopólio legal). O produto é único e totalmente diferenciado, e a curva de mercado é a mesma da empresa individualmente. Assim, a curva de demanda é negativamente inclinada, e o empresário pode alterar preços caso deseje alterar as quantidades transacionadas no mercado.

Concorrência monopolística

A concorrência monopolística é uma estrutura de mercado mais próxima do mundo real, na qual, não obstante o grande número de empresas, cada uma é o único ofertante de seu produto. Grifes de roupas e livros de economia são apenas alguns exemplos desta estrutura. O produto é diferenciado dos demais, e esta diferenciação se dá via características tais como marca, *design*, qualidade, entre outras. Em função do grande número de substitutos próximos, as empresas possuem um poder limitado de competição via preços, e sua curva de demanda, embora negativamente inclinada, é bastante elástica. Isto significa que, caso uma empresa decida aumentar preços, a queda de vendas será elevada. Assim, outras formas de competição, como propaganda e marketing, são bastante usuais entre os empresários. A entrada no mercado não apresenta grandes barreiras. O quadro 1 sintetiza as principais características de cada estrutura.

Quadro 1
Estruturas de mercado

Tipos	Nº de empresas	Entrada (quanto às barreiras)	Tipo de produto	Característica da estrutura de preços
Competição perfeita	Muitas	Fácil	Homogêneo	Rigidez
Oligopólio	Poucas	Difícil	Diferenciado ou homogêneo	Independência, com concorrentes
Monopólio	Uma	Impossível	Único	Liberdade total
Concorrência monopolística	Muitas	Relativamente fácil	Diferenciado	Pouca liberdade

Estruturas de mercado: demanda

As estruturas de mercado tratadas até agora estão associadas aos ofertantes. Contudo, também é importante ressaltar a estrutura associada aos consumidores. Em um mercado onde existem muitos consumidores pode-se intuir que deveria haver rivalidades, portanto a competição tenderia a ser acirrada. No entanto, o fato de existirem pequenos compradores enfraquece a competição do lado da demanda, porque as informações são assimétricas e o consumidor compra relativamente pequenas quantidades, e então o(s) vendedor(es) tende(m) a ser soberano(s), formador(es) dos níveis de preços. Isto influencia a possibilidade de pedir descontos ou barganhar preços menores. Diz-se que, no mercado de muitos e pequenos compradores, o preço é dado (por quem produz) e os consumidores são meros tomadores de preços (aceitam os preços fixados), uma vez que estes estão fora de seu controle ou desejo. Contudo, o que acontece em um mercado no qual o número de consumidores é limitado?

O monopsônio é o mercado em que existe um único comprador, e nesta situação o adquirente determina o preço de venda. Outra situação é quando existe pequeno número de grandes compradores: trata-se de um oligopsônio. Há situações em que os oligopsonistas também se juntam formando cartéis, e então os demandantes são imperativos na fixação de preços e das quantidades a serem adquiridas. Neste caso, a força do mercado está do lado dos compradores. Esta situação é comum para certos insumos, matérias-primas ou maquinarias muito específicos encontrados em mercados altamente especializados, nos quais há poucos compradores e produtores, cujos preços e curvas de ofertas serão ajustados às necessidades dos adquirentes. Em síntese, quanto mais concentrada for a estrutura do mercado do lado dos compradores, maiores serão as pressões para a prática de preços mais baixos. E quanto mais específicas forem as características dos bens, serviços ou de fatores de produção, maior será a interdependência entre a demanda e a oferta, pois as ações de um ou poucos compradores afetarão sobremaneira as estratégias de negócio e o poder de mercado entre os agentes da economia.

A composição de custos, bem como o tipo de mercado com o qual se depara o empresário, é fundamental para a determinação das quantidades e dos preços, sendo esses fatores dependentes da estrutura de mercado. No caso da concorrência perfeita o empresário não tem papel relevante na fixação do preço, diferentemente do que ocorre em estruturas mais concentradas. A forma de competição em cada estrutura é bastante diferenciada. Enquanto em mercados monopolistas e no monopsônio a competição é praticamente inexistente, na concorrência perfeita atinge níveis extremos. Além de ser possível ao monopolista (ou monopsonista) fixar preços, a falta de competição resulta em lucros excessivos, em que o retorno sobre o investimento é superior à média do mercado. As barreiras servem, neste caso, justamente para impedir que outros empresários entrem no negócio, fato este que pressionaria os preços para baixo, fazendo com que os lucros caíssem para níveis normais. É justamente a falta de barreiras que faz com que, na concorrência perfeita, os lucros no médio prazo sempre convirjam para a média do mercado (normalidade). Ou seja, caso uma atividade se torne atraente, a entrada de novas empresas tende a elevar a produção, derrubando os preços, o que conduzirá o equilíbrio de mercado a um novo *set* de preços, mais baixo que o anterior. No oligopólio, a competição pode ser acirrada ou as empresas podem se unir, formando cartéis. Neste último caso, os lucros tendem a ser elevados, e as barreiras impostas pelo cartel dificultam a entrada de novos participantes. No caso da concorrência perfeita, o empresário não tem papel relevante na fixação do preço de mercado, diferentemente do que se verifica em estruturas mais concentradas. São aspectos como estes que definem as características globais do mercado, sendo questão de sobrevivência das empresas conhecer o ambiente de negócio em que atuam, bem como entender sua função de produção, seus custos e seu lucro. Todos esses aspectos foram discutidos neste capítulo. No próximo, as questões macroeconômicas serão tratadas. Produto agregado nominal e real, inflação e comportamento da atividade econômica, expressos no crescimento e nas flutuações cíclicas, terão destaques analíticos.

Exercícios de revisão

1. Suponha que o preço e a quantidade em um mercado se encontram em equilíbrio. Um aumento de renda real provocará a seguinte alteração nas curvas de oferta e demanda (assinale com um X):
   a) redução de preço e de quantidade demandada e aumento na quantidade ofertada;
   b) elevação de preços e de quantidade demandada e redução da quantidade ofertada;
   c) elevação de preços, da quantidade demandada e da quantidade ofertada;
   d) redução de preços, da quantidade demandada e da quantidade ofertada.
2. Em relação a produção e custos, defina quais alternativas são verdadeiras (V) ou falsas (F):
   a) o produto médio é máximo quando o produto marginal é máximo; ( )
   b) o custo médio é mínimo quando o produto marginal é máximo; ( )
   c) quando o custo marginal é superior ao custo médio, o custo médio é crescente; ( )
   d) o custo marginal é máximo quando o produto marginal também o é. ( )
3. Leia as afirmações abaixo e informe a qual estrutura de mercado se refere (1 = concorrência perfeita; 2 = oligopólio; 3 = monopólio; 4 = concorrência monopolística):

   ( ) O produto é diferenciado e ocorre pelas características: de marca, *design*, qualidade, entre outras.

( ) É caracterizada pela interdependência entre as empresas e por formas distintas de competição.
( ) É caracterizada pela barreira à entrada de outras empresas em razão de custos proibitivos e questões legais.
( ) A curva de demanda para uma empresa individual é extremamente elástica.

4. Quais são os determinantes da oferta? Como eles impactam a curva de oferta?

4

A dinâmica macroeconômica

O presente capítulo discute questões que aparecem diariamente nos jornais e noticiários e afetam a vida de milhões de pessoas: a dinâmica dos mercados numa visão agregada ou global, seus fundamentos e explicações para importantes fenômenos do mundo real. Essas discussões serão desenvolvidas em três partes. A primeira, dentro de um foco conceitual e de definições; a segunda, dentro de uma temática central da questão do crescimento autossustentado em contraste com as flutuações cíclicas; e a última, numa abordagem dos regimes macroeconômicos, mostrando os distintos efeitos sobre os mercados no caso de ocorrer coordenação ou não entre os três regimes: fiscal, monetário e cambial.

A macroeconomia estuda o comportamento da economia em seu conjunto, analisando os agregados e sua performance ao longo do tempo, e tem-se mostrado bastante útil para explicar as atividades econômicas e sociais de um país.

Identidade: produto, renda e despesa

A primeira variável agregada estudada pela macroeconomia é a medida de produção total, que avalia a performance da atividade econômica como um todo ao longo dos anos. Define-se como produto o valor de todos os bens e serviços finais produzidos em um país em um determinado período de tempo (um ano, semestre ou trimestre). Estendendo o conceito para a produção realizada dentro dos limites das fronteiras de um país, temos o produto interno bruto (PIB).

Em seu cálculo, os diversos bens e serviços finais são mensurados a preços de mercado, sendo então seus valores adicionados. Exemplificando: considere-se uma economia rudimentar, que produza apenas quatro bens — leite, pão, queijo e ferro —, nas quantidades e preços unitários apresentados na tabela 5.

Tabela 5
PRODUTO: VALOR ADICIONADO

Bens	Quantidades	Preço de mercado (R$)
Leite	20 litros	3,00
Pão	4 quilos	2,00
Queijo	60 quilos	15,00
Ferro	1,5 tonelada	4.000,00

Neste caso, o valor monetário do produto, ou valor adicionado, será igual a

$$(20 \times 3{,}00) + (4 \times 2{,}00) + (60 \times 15{,}00) + (1{,}5 \times 4.000{,}00) = R\$\ 6.968{,}00$$

É importante notar que, no cálculo do produto, consideram-se apenas os bens e serviços finais, para que não haja dupla contagem, uma vez que também existem os bens e serviços intermediários, que não podem ser considerados produto final mais de uma vez. Um exemplo clássico ilustra a questão: para fazer o pão, o padeiro usa o trigo, que antes é moído pelo moleiro, que, por sua vez, o compra do fazendeiro. Então, os produtos finais do fazendeiro, do moleiro e do padeiro são, respectivamente, o trigo, a farinha e o pão, sendo o trigo um produto intermediário para o moleiro e a farinha um produto intermediário para o padeiro. Ao calcular o valor adicionado do pão deve-se, portanto, descontar os consumos intermediários existentes nos seus estágios de produção, isto é, a compra de farinha pelo padeiro e a compra de trigo pelo moleiro.

Produtos nominal e real

Voltando à tabela 5, verifica-se que o produto obtido foi expresso em valores monetários, no caso, em reais (R$). Isto porque o produto nominal de uma economia em um determinado ano representa o valor das quantidades produzidas durante aquele ano, a preços correntes do ano de referência, expressos na moeda local. Desta forma, o produto nominal no período T é uma medida do valor das quantidades produzidas em T a preços de T, enquanto o produto nominal em T_1 mede o valor do que foi produzido em T_1, a preços de T_1, e assim por diante.

Pode-se perceber que as variações para mais ou para menos no produto nominal podem ser atribuídas a: (a) variações exclusivamente nas quantidades produzidas, (b) variações apenas nos preços de mercado e (c) alterações em quantidades e em preços.

Estendendo os conceitos de nominal e real, pode-se afirmar que a diferença entre uma variável (produto) nominal e uma variável (produto) real é que a primeira representa um valor monetário corrente, enquanto a segunda expressa uma quantidade.

Imagine uma economia que, em dois anos consecutivos, produzisse exatamente as mesmas quantidades e em que todos os preços dobrassem. Então, o produto nominal teria também dobrado, enquanto o produto real (quantidade produzida) teria permanecido constante. De um modo geral, uma variável real expressa sempre quantidades, enquanto uma variável nominal expressa valores (lembre-se de que valor = preço × quantidade).

O produto real é a medida de desempenho da economia, porque mensura a variação das quantidades produzidas em um período em relação a outro. Quando as quantidades produzidas se elevam comparativamente entre dois períodos, diz-se que a economia está crescendo. Ao contrário, quando as quantidades produzidas se retraem, dependendo desta intensidade desta retração, diz-se que a economia está em desaceleração ou em recessão. No cálculo do PIB são incorporadas as despesas com a depreciação do capital físico existente. Assim, ao deduzir essas despesas tem-se o produto interno líquido (PIL), ou seja: *PIL = PIB – depreciação do capital fixo*.

Considerando a existência do governo, há duas maneiras de mensurar o PIB: (a) a preços de mercado (PIB_{pm}) e (b) a custo de fatores (PIB_{cf}). A primeira medida é igual à segunda mais os tributos indiretos (T_i) e menos os subsídios (SS), a saber: $PIB_{pm} = PIB_{cf} + T_i - SS$. Através da comparação entre o PIB_{pm} e o PIB_{cf}, tem-se a avaliação da carga tributária líquida na produção dos bens e serviços.

Temos um outro conceito de produto que permite avaliar a origem do uso dos fatores de produção no processo produtivo: é o produto nacional bruto (PNB). Quando o país necessita adquirir do exterior mais fatores de produção (terra, capital, trabalho, tecnologia, entre outros) do que aqueles que vende ao exterior, ele envia renda ao exterior. Disto pode-se afirmar que se a renda enviada ao exterior (REE) for maior que a renda recebida do exterior (RRE), tem-se como resultado renda líquida enviada ao exterior (RLEE). Ao contrário, se o país recebe mais renda que envia, tem-se como resultado a renda líquida recebida do exterior (RLRE).

Resumidamente, podem-se apresentar as seguintes identidades: *PNB = PIB – RLEE* ou *PNB = PIB + RLRE.*

Portanto, quando um país envia mais renda ao exterior do que recebe, o PIB será maior que o PNB. Por outro lado, quando a economia é receptora líquida de renda do exterior o produto nacional bruto será superior ao produto interno bruto.

Podem-se, agora, estabelecer dois outros conceitos fundamentais, que são os de renda e despesa. As empresas, ou agentes produtores, em sua atividade de produzir têm de empregar fatores de produção (capital, trabalho e terra). Os donos desses fatores recebem das empresas remunerações, em forma de salários, juros, lucros e aluguéis, entre outros. Define-se renda como o somatório das remunerações pagas pelos agentes produtores aos proprietários dos fatores de produção. Em outras palavras, a renda agregada de uma economia é, por definição, a soma dos pagamentos pelo conjunto das empresas produtoras aos proprietários da terra, do capital e do trabalho.

É intuitivo admitir que o produto nominal deve ser igual à renda gerada, uma vez que, sendo esta a remuneração dos fatores de produção, todas as receitas que são auferidas em decorrência das vendas se constituem em renda para alguém (lembre-se de que o lucro é incluído na definição de renda). É conveniente estabelecer a distinção entre renda nominal e renda real com um exemplo simples.

Considere o caso de um trabalhador que obtenha, em um ano, uma renda de R$ 72 mil. Admita que a taxa de inflação nesse mesmo ano tenha sido de 6%. É evidente que, embora ganhe a mesma renda nominal (R$ 72 mil) no início do ano T, no início do anoT_1 esse trabalhador já não poderá mais comprar as mesmas quantidades de bens e serviços que comprava anteriormente, dado que os preços subiram 6% no período T-T_1. Diz-se, então, que sua renda real diminuiu. Se, por exemplo, só existisse um bem no mercado e seu preço crescesse de R$ 100,00 para R$ 106,00 — isto é, 6% —, então a renda real no início do ano T seria R$ 72 mil e, no começo do ano T_1, a renda real ficaria em R$ 67.924,52 (72.000,00 ÷ 1,06). Ora, isso quer dizer que no início do ano T, com uma renda nominal de R$ 72 mil, ele poderia comprar, se assim o desejasse, 720 unidades do bem, enquanto no início de T_1, com a mesma renda nominal, ele poderia comprar apenas 679 unidades deste mesmo bem. Claramente, nota-se que houve uma redução no seu poder de compra. Portanto, o conceito de renda real está relacionado ao efeito das variações de preços.

Há dois outros conceitos de renda que também costumam ser muito utilizados na economia: o de renda nacional e o de renda disponível. A primeira, renda nacional (RN), é obtida subtraindo-se os tributos indiretos (TI) do produto nacional (PN) e a segunda, renda disponível (RD), é obtida deduzindo-se os tributos diretos (TD) da renda nacional. Ou seja, $PN - TI = RN$ e $RN - TD = RD$.

Da mesma forma que o produto é idêntico à renda, pode-se verificar também que produto e despesa são iguais: o produto se constitui na oferta de bens e serviços que serão vendidos, e uma vez que tudo o que é vendido por uma empresa ou pessoa representa obrigatoriamente o que é comprado por outra empresa ou pessoa, pode-se concluir que, no agregado, compras e vendas são iguais, ou seja, produto e despesa são idênticos.

Algumas relações úteis

A figura 18 é conhecida como "fluxo circular da riqueza" e ilustra resumidamente as relações entre os agregados econômicos do chamado setor real da economia.

Figura 18

O FLUXO CIRCULAR DA RIQUEZA

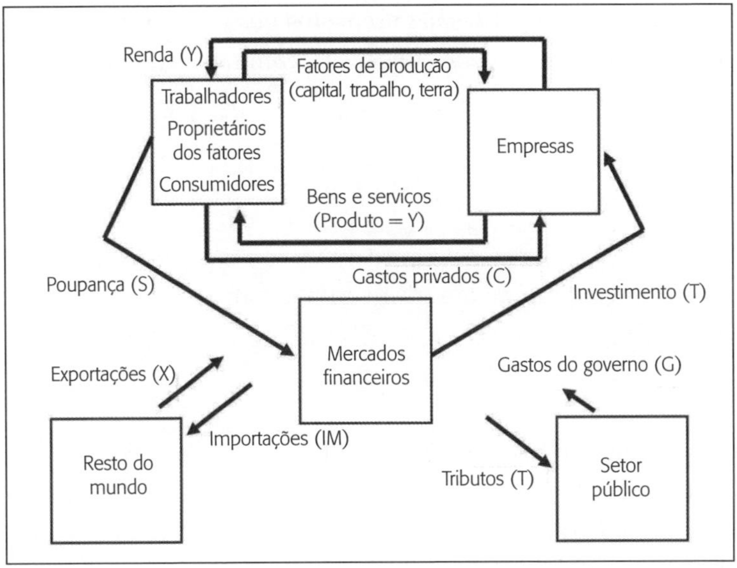

A renda gerada na economia tem quatro destinações possíveis: uma parte é gasta em consumo privado (C), uma segunda é poupada (S), uma terceira é despendida para pagar os tributos (T) e uma quarta é destinada a pagar as importações (IM):

$$\text{Ótica da renda: } Y = C + S + T + IM \qquad (1)$$

Por outra ótica — a da despesa — há também quatro tipos de gastos ou dispêndios: consumo privado (C), investimento privado (I), gastos públicos em custeio e investimento (G) e exportações — despesas de não residentes no país que compram bens e serviços produzidos internamente (X):

$$\text{Ótica da despesa: } Y = C + I + G + X \qquad (2)$$

A condição de equilíbrio do fluxo circular da riqueza exige que os totais dos "vazamentos", como poupança, por exemplo, na figura 18, sejam repostos nos mesmos montantes totais das entradas ou de "injeções", como investimentos. Isto é, exige que:

$$C + S + T + IM = Y = C + I + G + X \quad (3) \text{ ou}$$

$$S + T + M = I + G + X \quad (4)$$

Esta equação pode ser reescrita como:

$$(IM - X) = (I + G) - (T + S) \quad (5)$$

A equação (5) mostra que o déficit externo em conta-corrente (IM – X) nada mais é do que o excesso do investimento doméstico (privado e público, ou seja, I + G) sobre a poupança doméstica (pública e privada, isto é, T + S).

Mas também pode ser reescrita:

$$(X - IM) = (S + T) - (I + G) \quad (5a)$$

Escrevendo dessa última forma (5a), vê-se que o superávit externo em conta-corrente é o excesso da poupança doméstica sobre o investimento doméstico. Finalmente, pode-se ainda reescrever como:

$$(G - T) = (S - I) + (IM - X) \quad (5b)$$

Esse resultado demonstra que o déficit público (G – T) pode ser financiado (deixando de lado seu financiamento por emissão de moeda) pela poupança líquida interna (S – I) e pela poupança líquida externa (IM – X). Similarmente, se houver um superávit primário no orçamento público, este terá como contrapartidas (também abstraindo-se a emissão de moeda) investimento líquido interno e um superávit externo:

$$(T - G) = (I - S) + (X - IM) \quad (6)$$

Essas equações são tautologias, ou seja, identidades extraídas do sistema de contas nacionais, que obedece a padrões estabelecidos internacionalmente seguidos pelos institutos responsáveis pelo seu cálculo — no Brasil, é a Fundação Instituto Brasileiro de Geografia e Estatística (Fibge).

Em economia costuma-se dizer que as equações, quando vistas como identidades contábeis, representam valores *ex-post* ou *a posteriori*, isto é, valores tomados no final do período. Mas se ao invés disso consideram-se não os valores verificados, mas os planejados, não se está mais lidando com identidades contábeis, mas com equações *ex-ante* ou *a priori* (no início do período em estudo).

Considere a identidade entre investimento (I) e poupança (S) em uma economia simples. Diz-se que $I = S$ *ex-post* é uma identidade, porque os valores do investimento e da poupança realizados são contabilmente iguais. Mas se $I = S$ *ex-ante*, diz-se que essa igualdade é uma condição de equilíbrio. Todavia, se os planos de poupar e de investir feitos no início do período não se concretizarem, a condição de equilíbrio não se verificará.

Mensuração da inflação: índices de preços

Se a oferta de diamantes fosse tão abundante quanto a de bananas, o preço do diamante — isto é, a relação de troca entre diamante e moeda e entre diamante e outras mercadorias — alterar-se-ia bastante. Nesse caso, seria possível comprá-lo a um preço bem menor do que o efetivamente praticado. Da mesma forma, quando a quantidade de moeda aumenta, o poder de compra de cada unidade monetária diminui e, por conseguinte, a quantidade de bens e serviços que pode ser adquirida com uma unidade dessa moeda também se reduz.

Quando o Banco Central aumenta a quantidade de moeda proporcionalmente mais do que os aumentos nas ofertas dos demais bens e serviços, a consequência (que muitas vezes não é imediata) é a queda progressiva do poder de compra de cada unidade monetária e a correspondente elevação dos preços dos demais bens e serviços. A isso se chama inflação, que resulta em distorções de preços relativos da economia. Como, em um processo inflacionário, o poder de compra da população diminui porque os preços dos bens e serviços aumentam sem cessar, os economistas também definem inflação como um aumento contínuo e generalizado de preços dos bens e serviços. Esse aumento, contudo, é a manifestação da inflação, ou seja, do excesso de moeda em relação às quantidades dos outros bens (ou, no exemplo utilizado, do aumento da oferta de diamantes em relação à oferta de bananas).

Os "termômetros" utilizados em todo o mundo para medir a inflação são denominados índices de preços — números calculados a partir da variação dos preços e quantidades de certa cesta de bens e serviços por um período determinado. Os mais utilizados são os índices de preços ao consumidor, que medem como evoluem as despesas de uma família-padrão.

Os índices de preços comparam os preços de um conjunto de produtos ("cesta") e são calculados com base em pesquisas de orçamentos familiares, em que certo número de consumidores adquire os produtos da cesta de maneira regular. O índice de preços ao consumidor amplo (IPCA), calculado pelo Instituto Brasileiro de Geografia e Estatística (IBGE) com base em pesquisas nas principais regiões metropolitanas (São Paulo, Rio de Janeiro, Belo Horizonte, Brasília, Curitiba, Porto Alegre, Goiânia, Belém, Fortaleza, Recife e Salvador), busca refletir o custo de vida para famílias com renda mensal entre um e 40 salários mínimos. Ele é considerado o índice oficial da inflação no Brasil, por ser utilizado pelo Banco Central, desde 1999, como alvo do sistema de metas de inflação.

Um exemplo simples ilustra o cálculo do IPCA: suponha que em uma economia os consumidores só gastem em laranjas (três dúzias por mês) e leite (15 caixas por mês). Neste caso, a cesta relevante seria de três dúzias de laranjas e 15 caixas de leite. Em um determinado mês a dúzia da laranja custava R$ 2,00 e a caixa de leite, R$ 3,50; no mês seguinte os preços eram R$ 2,10 e R$ 3,55, respectivamente. Considerando o primeiro mês como base, o índice do mês seguinte, que é a medida da inflação nessa economia, seria:

- custo da cesta no primeiro mês: (3 × 2,00) + (15 × 3,50) = R$ 58,50;
- custo da cesta no segundo mês: (3 × 2,10) + (15 × 3,55) = R$ 59,55.

Como o primeiro mês é o período-base, corresponde ao índice 100. Logo, o índice do mês seguinte, por regra de três, é (59,55 ÷ 58,50) × 100 = 101,79. Portanto, a inflação foi de 1,79% no mês.

Além do IPCA, há outros principais índices de preços calculados no Brasil, a saber:

- índices que usam cestas de bens comprados pelo consumidor: o índice nacional de preços ao consumidor (INPC), do IBGE; o índice de preços ao consumidor (IPC), da Fundação Getulio Vargas (FGV); e o índice de preços (IPC) da Fundação Instituto de Pesquisas (Fipe);
- índices que utilizam outras cestas: o *índice de preços por atacado* (IPA), da FGV, que coleta preços por atacado; o *índice nacional da construção civil* (INCC), da FGV, que coleta

custos dos insumos da construção civil; e o *índice geral de preços* (IGP), da FGV, que é a média ponderada do IPC com o IPA e o INCC.

Crescimento *versus* flutuações cíclicas

Os agregados de que trata a economia, na verdade, não existem no mundo real — é impossível, por exemplo, um consumidor entrar em um supermercado e procurar comprar dois quilos ou uma dúzia de PIBs —, mas é importante estudá-los, para que se tenha uma visão geral da situação econômica de um país. A macroeconomia define o produto potencial como a quantidade de bens e serviços que seria produzida se a economia utilizasse seu nível máximo de capacidade, isto é, se todos os fatores de produção estivessem plenamente ocupados (pleno emprego). Trata-se, portanto, de uma estimativa do produto real efetivo caso não existisse ociosidade de fatores de produção. Observe, na figura 19, que há uma diferença entre o produto potencial e o produto efetivo — o nível verificado de produto real —, e essa diferença é chamada de hiato do produto.

O hiato avalia a existência de desemprego e de superemprego no uso dos fatores de produção. Quando a diferença entre o produto potencial e o produto efetivo é positiva, podemos concluir que a economia está operando com capacidade ociosa (desemprego), e quando é negativa, que a economia estará próxima do pleno emprego. Se a diferença for igual a zero, isto é, se o produto potencial for igual ao produto efetivo, a economia estará em seu nível de pleno emprego dos fatores de produção, ou, de outro modo, perto de seu nível normal ou natural de produto, que ocorre quando, dentro do mesmo período de tempo, o número de trabalhadores que perdem seus empregos é compensado por um número idêntico de trabalhadores que conseguem ocupação formal. O produto gerado por esse nível de emprego é denominado produto normal ou natural, que é aproximado pela tendência de longo prazo do PIB, a qual reflete a média histórica do desempenho da atividade econômica.

A figura 19 mostra ainda que, para uma dada economia, a evolução do PIB real efetivo e do PIB potencial, este identificado por uma linha de tendência, mostra a taxa média de crescimento do produto ao longo de um razoável período de tempo (longo prazo). Em qualquer economia observam-se períodos em que o PIB efetivo situa-se acima da tendência de longo prazo (aquecimento ou expansão) e fases em que o PIB se situa abaixo da tendência de longo prazo (recessão ou contração).

Figura 19

Produto potencial e efetivo — Ciclos econômicos

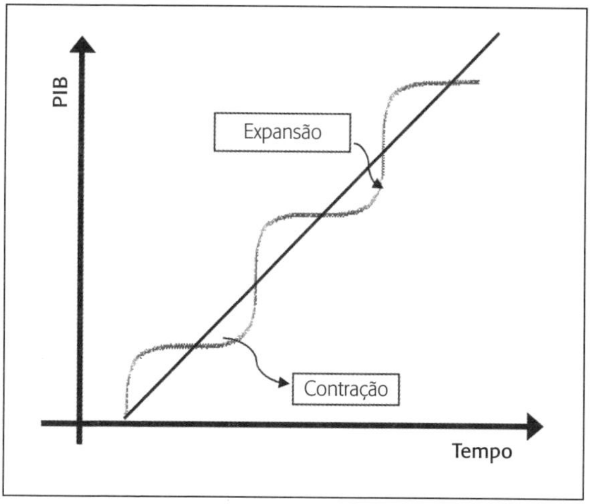

Um dos objetivos principais do estudo da macroeconomia é explicar as causas dos ciclos ou flutuações econômicas, isto é, responder à pergunta: por que costuma haver alternância entre períodos de aquecimento e períodos de recessão?

Características dos dois fenômenos

Pelo ângulo estritamente econômico, o crescimento pode ser caracterizado como um processo de acumulação generalizada de capital, isto é, de elevação dos estoques de capital físico, humano e tecnológico ao longo do tempo. Em outras palavras, quando a economia apresenta uma ampliação ao longo do tempo em sua capacidade de gerar oferta, diz-se que ela está em um processo de crescimento autossustentado. Trata-se de um fenômeno com duas características fundamentais, a saber: (a) o crescimento é um processo de longo prazo, que se desencadeia mediante a realização contínua de investimentos em capital físico, humano e tecnológico; (b) o crescimento se manifesta — já que consiste em cadeias de investimentos que se sucedem — pela ampliação contínua na capacidade de geração de bens e serviços. Não é correto, portanto, associar o crescimento aos períodos de expansão da demanda estimulados pelas políticas (fiscal, monetária, cambial, salarial e de rendas) de aquecimento artificial da economia, ou seja, não lastreado em poupança e investimento. O crescimento autossustentado não é um fenômeno de curto prazo, que possa ser gerado por políticas de estímulo à demanda agregada; ele requer a formação de autêntica poupança, que exige o esforço da renúncia ao consumo presente. Sob o aspecto moral, ele se baseia nas virtudes da dedicação ao trabalho, do esforço e da frugalidade.

Observe que a poupança é uma condição apenas necessária para o crescimento, porque a simples formação de poupança, *per se*, não garante o crescimento da economia. Este se materializa por um complexo processo de realização de investimentos, em que os fluxos de gastos realizados determinam os aumentos nos estoques de capital, ao longo da cadeia de bens de produção que compõem a estrutura produtiva. No longo prazo, nenhuma economia pode crescer, de forma consistente, o que se "quer" que ela cresça, mas apenas o que ela "pode" crescer — o que é determinado por uma complexa conjugação de fatores, cuja compreensão correta exige uma investigação mais apurada das fontes que originam o crescimento.

As fontes do crescimento

As fontes do crescimento autossustentado podem ser analisadas em dois grandes grupos: (a) aquelas puramente econômicas e (b) as de natureza institucional, que podem ser denominadas "ambientais". As fontes puramente econômicas consistem na contribuição dos fatores de produção para o incremento das quantidades de bens e serviços que a economia é capaz de produzir ao longo do tempo. As contribuições de cada um desses fatores sobre o desempenho da economia podem ser desagregadas de acordo com seus componentes quantitativos, qualitativos e alocativos, sendo que o aumento de capacidade produtiva só é factível por um processo de longo prazo. Inicialmente, porque requer formação de poupança; em segundo lugar, porque requer que essa poupança seja transformada em investimentos e, em terceiro, porque exige um período de maturação dos projetos de investimentos, até que se transformem em estoque efetivo de capital e, portanto, em mais bens e serviços no futuro. Por conseguinte, o crescimento da oferta de bens e serviços é um processo lento por natureza. E tende a ser tão mais vagaroso quanto menos favorável for o ambiente geral para a realização de negócios. Já a demanda agregada, por sua vez, reage mais rapidamente aos estímulos das políticas monetária, fiscal, cambial, salarial e de rendas.

Regimes fiscal, monetário e cambial

O estudo da economia destaca a importância das políticas e dos regimes monetário, fiscal e cambial sobre o comportamento dos mercados agregados. As políticas se referem a decisões de curto prazo e que possuem conotação tática, conjuntural. Os regimes se referem a decisões de longo prazo, de caráter estratégico, estrutural. Isto significa, naturalmente, que os regimes são determinados pelas sucessões de políticas ao longo do tempo.

A macroeconomia: um jogo dinâmico

Define-se *política monetária* como o conjunto de ações do Banco Central que afetam a taxa de juros e a oferta de moeda; *política fiscal* como o conjunto das ações do governo que afetam os gastos e as receitas do setor público; e *política cambial* como o conjunto de medidas do Banco Central que produzem impactos sobre a taxa de câmbio. Cada uma dessas três políticas é chamada de expansionista ou frouxa quando estimula a demanda agregada, e de contracionista ou apertada quando diminui a demanda agregada. Tais políticas podem ser analisadas como uma espécie de disputa dinâmica com três jogadores: *autoridades fiscais*, *monetárias* e o *público*. As autoridades fiscais determinam gastos e receitas do setor público e, portanto, delineiam a política (tática) e o regime (estratégia) fiscal. A autoridade monetária (Banco Central) estabelece as políticas e os regimes monetário e cambial. O terceiro jogador, denominado genericamente *público*, é formado por todos os agentes econômicos que não se enquadrem nem no primeiro nem no segundo grupo, como indivíduos, bancos e demais empresas privadas e públicas.

Esse jogo econômico pode ser cooperativo ou não, dependendo da existência ou não de coordenação entre a maneira de atuar dos jogadores e do fato de um deles, sobretudo o fiscal ou o monetário, ser o dominante — aquele que, por ser mais forte politicamente, acaba impondo aos demais a estratégia e a tática com que o jogo será disputado. Neste jogo é preciso ressaltar que as forças de atuação dos jogadores são desiguais. O terceiro jogador — o público — não possui condições estratégicas de assumir a dominância, visto que, isoladamente, não consegue constituir-se num conjunto, dado que as informações sobre todas as condições do jogo lhe são assimétricas e não transparentes, reagindo ele apenas em resposta às ações estratégicas dos dois primeiros jogadores. Sendo assim, as duas autoridades determinam as regras do jogo, e o público o joga de acordo com sua conveniência face às normas preestabelecidas.

No caso de existir dominância e as duas autoridades agirem de forma contraditória (por exemplo, uma delas executando uma política de expansão e a outra de contração da demanda agregada), diz-se que não existe coordenação entre as autoridades fiscal e monetária.

Para que haja coordenação e o jogo seja cooperativo, deve existir confiança recíproca e ausência de dominância, e as três políticas (fiscal, monetária e cambial) e regimes devem obedecer a critérios coerentes entre si. Se não houver coordenação, e se o jogador dominante for a autoridade fiscal e o Banco Central não desejar que a inflação se situe acima da meta estabelecida, ocorrerá uma situação antagônica, semelhante à de um jogo não cooperativo. Nessas condições, quando a autoridade fiscal elevar excessivamente os gastos públicos, o Banco Central se verá forçado, para manter a inflação dentro da meta, a elevar as taxas de juros a patamares maiores do que seria necessário caso houvesse coordenação e cooperação. Nesse caso, o terceiro jogador (o público) arcará com os prejuízos, porque será desestimulado de alocar seus recursos em ativos de capital necessários para a geração do crescimento da produção. As contas consolidadas das autoridades fiscais e monetárias, expressas em valores monetários do país, são apresentadas no quadro 2.

A primeira linha (A) do ativo das autoridades fiscais é a diferença entre as receitas correntes e os gastos correntes do setor público. Se essa diferença for positiva, haverá superávit fiscal ou primário; se for negativa (isto é, se o setor público gastar mais do que arrecadar), haverá déficit fiscal ou primário. Na segunda linha (B) têm-se os pagamentos com juros que a autoridade fiscal tem de realizar, referentes à contratação de dívida pública interna, identificados como serviço da dívida interna. Na terceira linha (C) são apresentados os pagamentos com juros ao exterior, por conta de compromissos com a dívida pública externa ou serviço da dívida externa. A soma das três linhas que compõem o ativo da autoridade fiscal denomina-se déficit nominal ou necessidades de financiamento do setor público ($NFSP = A + B + C$). No passivo da autoridade fiscal têm-se as variações (mediante a emissão de novos títulos ou liquidação de títulos já existentes) das dívidas interna (D) e externa (E).

Quadro 2

CONTAS CONSOLIDADAS DO GOVERNO

Autoridades fiscais

Ativo	Passivo
(A) Receitas menos gastos (B) Juros s/ a dívida interna (C) Juros s/ a dívida externa NFSP = (A) + (B) + (C)	(D) Variação na dívida interna (E) Variação na dívida externa

Autoridades monetárias

Ativo	Passivo
(F) Reservas internacionais (G) Títulos públicos em poder do Banco Central	(H) Moeda

Já nas contas consolidadas das autoridades monetárias (Banco Central) estão, no ativo, as reservas internacionais (F) e os títulos públicos que foram emitidos mas que estão na carteira das autoridades monetárias (G) — variável denominada crédito doméstico ou crédito interno líquido. No passivo está a moeda emitida pelo Banco Central (H). As identidades contábeis apresentadas no quadro 2 podem ser assim reescritas:

- NFSP = superávit fiscal ou primário + pagamentos de juros no país + pagamentos de juros ao exterior;
- moeda emitida = reservas internacionais + títulos públicos na carteira do Banco Central.

Mecanismos de financiamento público

O setor público dispõe de três maneiras para financiar o excesso de gastos sobre as receitas: pedir empréstimos dentro do país, pedir empréstimos no mercado externo e emitir moeda. Assim, a necessidade de financiamento do setor público (NFSP) será o resultado da variação das dívidas interna e externa e da oferta de moeda, ou seja: *NFSP = Δ da dívida interna + Δ da dívida externa + Δ da oferta de moeda.*

Colocando apenas os gastos (correntes e com juros) no lado esquerdo, tem-se que: *gastos = variação na dívida interna + variação na dívida externa + emissão de moeda + variação na arrecadação de tributos*. Isto significa que os gastos totais do setor público só podem ser financiados por mais tributos, mais inflação, mais dívida interna e mais dívida externa. Cada uma dessas formas de financiamento costuma causar efeitos diferentes no curto e no longo prazo sobre a economia.

Exemplo 1: Suponha uma família que durante muito tempo tenha uma renda de R$ 50 mil por ano e que gaste R$ 80 mil anualmente. Muito provavelmente esta família está endividada em cheques especiais e cartões de crédito, entre outros. Admitamos agora que, certo dia, o chefe desta família resolva que doravante os gastos serão menores — R$ 40 mil por ano —, gerando, portanto, um superávit primário de R$ 10 mil anuais (50 mil - 40 mil). Atitude correta, sem dúvida! Mas o problema é que, depois de anos e anos da família "no vermelho", esse superávit não será, por um bom tempo, suficiente para cobrir as dívidas contraídas (juros de empréstimos feitos no passado, juros com cartões de crédito e outros encargos financeiros). A solução, forçosamente, será aumentar o superávit, reduzindo ainda mais seus gastos ou aumentando sua receita — talvez através de horas extras trabalhadas — ou, ainda, renegociar seus débitos, visto que o chefe da família não pode emitir moeda.

Com o setor público a situação não é diferente, a não ser pelo fato de, além de poder emitir moeda sem lastro, ser também detentor de seu monopólio, por meio da autoridade monetária. Quando as autoridades fiscal e monetária decidem pôr fim à inflação e, portanto, não emitir moeda para cobrir suas necessidades de financiamento, ficam com apenas três outras opções de financiamento: aumentar a dívida, elevar a carga tributária e cortar gastos — que podem ser adotadas em conjunto ou isoladamente. Déficits fiscais ou primários (gastos maiores que as receitas) precisam, necessariamente, ser financiados. Abstraindo-se, para simplificar, do recurso ao financiamento externo, existem outros três regimes de financiamento. No primeiro, os déficits são sempre cobertos pela emissão de dívida pública interna, isto é, pela colocação de títulos do governo junto ao público. No segundo, os déficits são inteiramente financiados pelo crescimento da base monetária, ou seja, pela emissão de moeda. No terceiro, uma combinação dos dois anteriores, os déficits são financiados parte por títulos que pagam juros, parte pela emissão de moeda, como costuma ocorrer no mundo real, porque esse regime permite, em épocas em que a inflação ameaça sair de controle, aumentar o financiamento com títulos e frear a emissão de moeda. Em sentido contrário, permite também, nos períodos em que a taxa de juros é muito alta, aumentar o financiamento pela emissão de moeda e diminuir a colocação de títulos públicos.

É muito importante existir coordenação entre as políticas monetária, fiscal e cambial para que não aconteçam conflitos que façam o jogo transformar-se em não cooperativo. Além disso, cada política deve ser utilizada pelo governo para atingir os objetivos em que apresenta maior eficiência, a saber: a política monetária para manter a inflação sob controle, a política cambial para buscar o equilíbrio nas contas externas do país e a política fiscal para dar sustentação a ambas.

Este capítulo versou sobre a análise dos agregados reais e monetários. Discussões sobre os ciclos econômicos sustentáveis ou não foram privilegiadas. O jogo — às vezes cooperativo, às vezes não — entre as autoridades fiscal, monetária e cambial mereceu comentários acerca dos aspectos em que a ação de cada jogador tem implicações distintas sobre a economia de um país.

O capítulo seguinte irá discutir o comportamento da autoridade monetária — Banco Central — e suas implicações no funcionamento do sistema econômico.

Exercícios de revisão

1. Admita que em uma economia só existam três bens: A, B e C. A cesta relevante para três anos consecutivos é de 50 quilos de (A), 20 dúzias de (B) e 100 litros de (C) e os preços, nos anos 1, 2 e 3, são expressos em reais (R$). Com as informações a seguir construa um índice de preços ao consumidor e calcule a inflação para os anos 2 e 3.

	P_1	P_2	P_3
A	3,00	3,20	3,25
B	10,00	13,00	10,00
C	8,00	9,00	9,10

2. Resuma três características do crescimento autossustentado e três das flutuações cíclicas.
3. Sob que condições uma política monetária apertada pode provocar maior inflação imediatamente?
4. Considere uma economia cuja produção, expressa em toneladas, tenha alcançado, em dois anos consecutivos, 100 e 108 toneladas, e que o nível geral de preços tenha sido R$ 2,00 no primeiro ano e R$ 2,10 no segundo, respectivamente. Nessas condições, qual teria sido o deflator do PIB e qual teria sido a inflação?

5

O mercado monetário e financeiro

O mercado monetário e financeiro constitui a força motriz e viabilizadora da realização das transações econômicas e financeiras. Por ter a moeda como centro propulsor, a atuação deste mercado norteia a vida das pessoas, as atividades das empresas e o cotidiano dos governos.

Este capítulo é dedicado à análise dos mecanismos de atuação do mercado monetário e financeiro. De início, serão discutidas as funções da moeda e a ação do Banco Central e, por fim, o funcionamento das instituições financeiras, sobretudo o dos bancos comerciais, será igualmente tratado.

A moeda e suas funções

A moeda é definida como um ativo de alta liquidez[9] aceito pela sociedade em suas transações econômicas e financeiras no presente ou no futuro, e assume as seguintes funções:

[9] Liquidez é a capacidade de liquidar transações ao longo do tempo associada ao nível de conservação de valor do ativo.

- meio de troca — transações de bens e serviços, não exigindo coincidência mútua. Ao assumir essa função a moeda traz várias vantagens, a saber: (a) permite a eliminação das transações intermediárias e redução do tempo; (b) permite o desenvolvimento da divisão internacional do trabalho; (c) separa as operações de compra e de venda, dando mais liberdade às trocas;
- padrão de valor ou unidade de referência — todos os valores são convertidos em uma unidade padronizada. Ao assumir essa função a moeda permite: (a) padronizar o sistema de preços e ampliar as informações econômicas; (b) contabilizar a atividade econômica e a administração nacional das unidades de produção; (c) contabilizar as contas nacionais (econômicas e sociais) de um país;
- reserva de valor — entesouramento da riqueza, com baixos custos de transação.

Em períodos de turbulência econômica a moeda perde aos poucos suas funções, na ordem inversa da apresentada acima:

- unidade de conta — a referência para contratos, dada a instabilidade futura, passa a ser outra (moeda estrangeira, por exemplo);
- reserva de valor — os agentes percebem a perda futura do poder de compra e decidem conservar menos moeda para serem menos afetados pela inflação;
- meio de troca — em casos extremos, a moeda perde essa última função. Ex.: hiperinflação alemã de 1920, quando a moeda de troca passou a ser caixa de fósforos ou quaisquer outras mercadorias.

O Banco Central

A principal função do Banco Central (BC) é garantir as funções da moeda, preservando assim as transações e evitando um colapso do sistema econômico. Para isso o BC deve monitorar a oferta de moeda e controlar a inflação, com intuito de resguardá-la e manter sua credibilidade. Logo, o BC tem a missão de garantir a solidez e a eficiência dos sistemas monetário e financeiro, assegurando a estabilidade do poder de compra da moeda. O Banco Central assume importantes funções, entre as quais destacamos, como mais relevantes, as que se seguem.

- Ser o responsável pela emissão de papel-moeda e controle da liquidez — o BC autoriza as emissões monetárias, de acordo com um conjunto de critérios determinado pela política econômica em curso no país.
- Ser o banqueiro dos bancos — ao atuar como banqueiro dos bancos comerciais, o BC exerce a função de emprestador de última instância. Assim, na hipótese de um banco comercial encontrar-se em uma situação de iliquidez, a autoridade monetária realiza operações de empréstimo de redesconto, garantindo, assim, que o banco consiga honrar seus compromissos. Atuando dessa forma, o BC impede que a iliquidez de um banco venha trazer incertezas em relação à garantia dos depósitos à vista do público não bancário e também evita que um problema localizado dê origem a uma crise sistêmica, tal como a ocorrida em setembro de 2008 no sistema financeiro mundial.

Um banco comercial encontra-se em uma situação de iliquidez quando passa por uma carência de reservas bancárias, isto é, optou por alocar reduzido montante de recursos na forma de reservas voluntárias, realizando, assim, operações de empréstimo e comprando títulos (públicos e privados) além do que deveria, de tal forma que, em um determinado momento, não possui recursos disponíveis em caixa para honrar seus compromissos diários.

- Atuar como regulador do sistema monetário e financeiro — a regulação se destina a minimizar a exposição do sistema financeiro a riscos que possam propagar-se para a economia real. Essa regulação torna-se fundamental pela peculiaridade dos bancos comerciais de serem criadores de meios de pagamento e pelo paradoxo subsequente a esta peculiaridade, ou seja, a liquidez dos depósitos, pois o montante total destes não se encontra plenamente disponível nos caixas dos bancos, dadas as características do contrato de depósito: (a) à vista — tem um passivo de maturidade instantânea; (b) ao par — o preço da aplicação financeira não varia; (c) fila — a reserva fracionária não é rateada entre os credores; "quem chegar primeiro leva".

Há correlação direta entre a solidez de um sistema financeiro e a estabilidade econômica de um país, sendo a solidez do sistema entendida pelo grau de confiança dos agentes nas instituições financeiras bancárias (bancos comerciais). E esta confiança se dá na medida em que os bancos atendem às expectativas dos clientes, ou seja, quando o público percebe como nulo o risco de crédito associado aos depósitos. Contudo, um banco comercial é essencialmente uma instituição que intermedeia os recursos financeiros de terceiros, descasando prazos para executar suas funções básicas e, consequentemente, expondo os depósitos a elevados riscos de crédito. As ações dos bancos comerciais têm influência sobre o meio circulante e sobre o sistema financeiro de forma abrangente (sistema de pagamentos).

Por tudo isso, torna-se necessária a criação de uma instituição que garanta a liquidez dos depósitos prevenindo o risco sistêmico. A garantia deve vir do Banco Central, que atua como emprestador em última instância, dado que as instituições privadas (bancos) estão sujeitas a falência e o BC detém o monopólio sobre a emissão legal de moeda.

- Ser o depositário de reservas internacionais — o BC deve possuir reservas estrangeiras suficientes para atender à demanda dos agentes que precisam adquirir moeda estrangeira, evitando escassez de divisas estrangeiras e a suspensão temporária de pagamentos ao exterior, caso seja necessário.[10] O BC, por ser o depositário de todas as divisas estrangeiras que ingressam no país, atua como comprador e vendedor delas. As casas de câmbio e demais instituições financeiras autorizadas a realizar as trocas entre as moedas doméstica e estrangeira comercializam divisas estrangeiras junto à instituição.

A oferta de moeda

O Banco Central e os bancos comerciais são responsáveis pela criação dos meios de pagamento, representando o sistema monetário da economia. O montante inicial de moeda na economia é dado pelo BC e é denominado "base monetária", que corresponde à emissão primária de moeda — moeda emitida pelo Banco Central — e aos recursos da conta "reservas bancárias". A base monetária (BM) constitui a principal variável de controle de liquidez e pode ser representada pela expressão: $BM = PME + R_T$, onde:

PME = papel-moeda emitido em poder do público. O termo público engloba todos os agentes econômicos, com exceção dos bancos comerciais e do Banco Central;
R_T = total de reservas bancárias dos bancos comerciais junto ao Banco Central.

[10] Divisas estrangeiras se referem a moedas de outros países aceitas internacionalmente, como dólar norte-americano, euro, libra esterlina e iene.

Os bancos comerciais são agentes econômicos legalmente autorizados a receber depósitos à vista. Os bancos de investimento, por exemplo, não são autorizados a receber depósitos e, portanto, integram o conjunto "público". Os bancos comerciais demandam base monetária para a manutenção de suas reservas, enquanto o público demanda base monetária para transformá-la em meio de pagamento.

O Banco Central realiza estimativas relacionadas a medidas gerais de oferta monetária, classificadas segundo o grau de liquidez e organizadas de acordo com os quatro agregados monetários, denominados meios de pagamento, listados a seguir:

- meios de pagamento restritos (M1)
  M1 = papel-moeda em poder do público (PMPP) + depósitos à vista
- meios de pagamento ampliados (M2 e M3)
  M2 = M1 + depósitos especiais remunerados + depósitos de poupança + títulos emitidos por instituições depositárias[11]
  M3 = M2 + cotas de renda fixa + operações compromissadas registradas no Sistema Especial de Liquidação e Custódia (Selic)
- poupança financeira (M4)
  M4 = M3 + títulos públicos de alta liquidez

O M1 tem alta liquidez, englobando ativos monetários que representam poder de compra imediata e que se convertem em bens e serviços sem custos de transação.

[11] Instituições depositárias: bancos múltiplos; bancos comerciais; caixas econômicas; bancos de investimento; bancos de desenvolvimento; agências de fomento; sociedades de crédito, financiamento e investimento; sociedades de crédito imobiliário; associações de poupança e empréstimo; companhias hipotecárias.

Taxa de juros: um preço

O Banco Central brasileiro (BC) determina, por meio do Comitê de Política Monetária (Copom), a taxa Selic, que é a taxa-teto (maior taxa) usada para financiar os títulos do governo federal que estão nela custodiados. Essa taxa serve de balizador para as instituições que operam esses papéis, e é a taxa de juros de referência para todas as operações financeiras no país. Portanto, ela representa o custo de oportunidade primário para qualquer alternativa de investimento, ou seja, um projeto de investimento produtivo, para ser atrativo, tem que gerar uma rentabilidade maior do que a taxa Selic.

A intermediação financeira inerente aos bancos comerciais consiste, por um lado, em captar recursos junto aos agentes superavitários e remunerá-los, e, por outro, em aplicar parte dos mesmos recursos junto aos agentes deficitários, cobrando-lhes por isso. A diferença entre as taxas de captação e de aplicação é chamada de *spread* bancário. Além da remuneração do banco pela própria intermediação, este intervalo entre as taxas pode ser explicado pelos custos envolvidos, como despesas administrativas, tributos, taxas, impostos e riscos das operações (fundos para inadimplência).

A definição de *spread* bancário tem um significado específico no mercado internacional de títulos (papéis). Nesse mercado, o *spread* refere-se à diferença em pontos entre a rentabilidade de um papel e o título do Tesouro norte-americano de prazo equivalente. Um risco-país Brasil, por exemplo, em 270 pontos-base corresponde a 2,7% acima do título de 30 anos do Tesouro dos Estados Unidos.

É preciso lembrar que como no Brasil há perfeita mobilidade de capitais internacionais e dada a nossa inserção financeira mundial, a formação da taxa interna de juros deve, no mínimo, oferecer rentabilidade semelhante à praticada no mercado internacional para se tornar atrativa. Essa relação é determinada pela chamada "equação de paridade dos juros": *Taxa interna de juros* (i_d) = *taxa internacional de juros* (i_e) + *expectativa de variação cambial* (e_c) + *risco-país* (r_p).

Metas de inflação

No Brasil, o regime monetário de metas de inflação foi oficialmente instituído em junho de 1999, com a justificativa de ser o instrumento mais adequado à manutenção da estabilidade de preços em um cenário de liberalização cambial. O art. 2º do Decreto nº 3.088, de 21 de junho de 1999, que instituiu o regime monetário de metas de inflação, conferiu ao Banco Central do Brasil (BC) independência de instrumentos para cumprir as metas de inflação estabelecidas pelo Conselho Monetário Nacional (CMN), sendo titulares os ministros da Fazenda e do Planejamento e o presidente do BC.

O regime de metas de inflação é caracterizado por: (a) anúncio de uma meta de médio prazo para inflação; (b) compromisso institucional com a estabilidade de preços como principal objetivo de longo prazo da política monetária; (c) transparência na condução da política monetária; e (d) grau suficiente de independência na adoção dos instrumentos do Banco Central.

O CMN passou a fixar as metas para a inflação como uma faixa de flutuação, no intervalo de um ano, para o índice de preços ao consumidor amplo (IPCA), calculado e publicado pelo IBGE (ver o histórico de metas de inflação apresentado na tabela 6). Caso haja descumprimento das metas, o presidente do BC deve tornar públicas as razões em carta aberta ao ministro da Fazenda, informando: (a) as causas do descumprimento; (b) as medidas necessárias para trazer a inflação para dentro da meta; e (c) o prazo esperado para essas medidas produzirem efeito.

Tabela 6

HISTÓRICO DE METAS DE INFLAÇÃO NO BRASIL

Ano	Norma	Data meta (%)	Meta (%)	Banda (p.p.)	Limites inferior e superior (%)	Inflação efetiva (IPCA % a.a.)
1999			8	2	6-10	8,94
2000	Resolução nº 2.615	30-6-1999	6	2	4-8	5,97
2001			4	2	2-6	7,67
2002	Resolução nº 2.744	28-6-2000	3,5	2	1,5-5,5	12,53
2003	Resolução nº 2.842	28-6-2001	3,25	2	1,25-5,25	
	Resolução nº 2.972	28-6-2002	4	2,5	1,5-6,5	9,30
2004	Resolução nº 2.972	27-6-2002	3,75	2,5	1,25-6,25	
	Resolução nº 3.108	25-6-2003	5,5	2,5	3-8	7,60
2005	Resolução nº 3.108	25-6-2003	4,5	2,5	2-7	5,69
2006	Resolução nº 3.210	30-6-2004	4,5	2	2,5-6,5	3,14
2007	Resolução nº 3.291	23-6-2006	4,5	2	2,5-6,5	4,46
2008	Resolução nº 3.378	26-6-2007	4,5	2	2,5-6,5	5,90
2009	Resolução nº 3.463	1-7-2008	4,5	2	2,5-6,5	4,31
2010	Resolução nº 3.584	1-7-2008	4,5	2	2,5-6,5	5,91

Fonte: Banco Central do Brasil

De acordo com a lógica do regime de metas de inflação, o BC deve assegurar o cumprimento da meta referente à taxa de variação do IPCA. O objetivo de manter a inflação dentro da meta é alcançado, fundamentalmente, pela fixação da taxa de juros Selic — que, por sua vez, é obtida por meio do chamado gerenciamento diário de liquidez — compatível com a meta de inflação. Para tanto, o BC realiza análises prospectivas da inflação, verificando as partições do IPCA (denominadas "núcleos da inflação"), com o objetivo de examinar se a inflação está concentrada em um determinado segmento ou está difundida para toda a cesta que compõe o índice.[12] O BC controla diariamente a taxa de juros de curto prazo Selic, que é a taxa primária de juros estabelecida no mercado de reservas bancárias. Daí a denominação taxa *overnight*. A partir da taxa primária de juros, por um processo de arbitragem no mercado financeiro, determinam-se as taxas de prazos mais longos: decisões de investimento, poupança, produção e consumo de bens duráveis, conforme diagrama apresentado na figura 20. Cumpre esclarecer que arbitragem é a compra e a concomitante venda de um mesmo bem em mercados diferentes, auferindo lucro.

O senso comum para a fixação das metas de inflação é que existem fundamentalmente cinco canais por meio dos quais a política monetária pode afetar a variação do nível geral de preços: (a) estrutura a termo da taxa de juros; (b) taxa de câmbio; (c) expectativas; (d) crédito; e (e) preço dos ativos financeiros. As oscilações da taxa Selic, ao afetarem os cinco canais, influenciam as decisões de investimento e de consumo, sobretudo de bens duráveis, e as exportações líquidas, que, por sua vez, afetam a demanda agregada e o nível geral de preços.

[12] Torna-se importante destacar que os núcleos do IPCA são somente utilizados para análise prospectiva. Já os núcleos do IGP-M são também índices, com a seguinte composição: IPA (60%), IPC (30%) e INCC (10%).

Figura 20

ESTRUTURA DA FORMAÇÃO DAS TAXAS DE JUROS

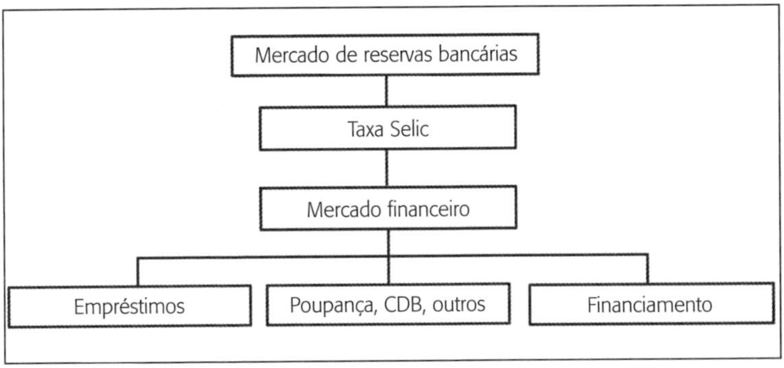

Nesse contexto, o paradigma macroeconômico atual, no qual se norteia a atuação dos bancos centrais, considera o regime de metas inflacionárias o instrumento básico para obter e preservar a estabilidade, sendo necessária, entretanto, a confiabilidade da e na política monetária.

A credibilidade na política monetária exige, por seu turno, consistência, comprometimento e transparência nas ações do Banco Central, o que não pode ser alcançado sem a responsabilidade ou a obrigação da prestação de contas por parte de um Banco Central independente ou dotado de autonomia operacional, que deve emergir com a adoção do regime de metas inflacionárias.

Os instrumentos de liquidez monetária

Política monetária é definida como o controle de liquidez pelo Banco Central sobre a oferta de moeda (disponível no sistema econômico) e sobre o seu custo (taxa de juros), como instrumentos para o alcance dos objetivos de política econômica.

Os instrumentos por meio dos quais o Banco Central executa sua política monetária, que discutiremos a seguir, são:

(a) as alterações nas exigências de reserva legal dos bancos (depósitos compulsórios); (b) as operações de mercado aberto; e (c) as alterações nas taxas de redesconto do Banco Central. Todos esses instrumentos operam direta ou indiretamente sobre a quantidade de moeda disponível para empréstimos e aplicações em títulos nos bancos comerciais.

Depósito compulsório

O depósito compulsório é uma proporção dos depósitos à vista, a prazo e em caderneta de poupança que os bancos comerciais têm obrigatoriamente que recolher ao BC, sendo esse percentual determinado pelo Conselho Monetário Nacional, com o propósito de regular as operações de crédito:

- depósitos à vista — os bancos comerciais são obrigados a recolher um percentual estipulado pelo Banco Central sobre os depósitos à vista em uma conta denominada "reservas bancárias" junto ao BC;
- depósitos a prazo — os bancos comerciais são obrigados a recolher um percentual dos certificados dos depósitos bancários (CDBs) feitos pelos seus clientes. Mas, em vez de o recolhimento ser em espécie, pode ser feito por meio de aquisição de títulos públicos, para os quais o Banco Central fixa uma remuneração;
- depósitos de poupança — o BC exige o recolhimento, em espécie, de um percentual do dinheiro aplicado na poupança. Nesse caso, os recursos são remunerados pelo BC.

A relação entre reservas e depósitos é um dos mecanismos de expansão dos meios de pagamento. Esta é a razão pela qual o Banco Central estabelece o percentual de recolhimento compulsório sobre os depósitos bancários, com o intuito de reduzir a capacidade de criação de moeda por parte do sistema bancário. O impacto desse instrumento se verifica por meio de alterações em suas alíquotas, cujo objetivo é modificar o multiplicador dos meios de pagamento, assunto a ser tratado mais à frente. Desta forma, o Banco Central altera a capacidade do sistema bancário de conceder empréstimos e, consequentemente, de criar moeda escritural.

Se a autoridade monetária desejar diminuir a liquidez da economia, o BC pode elevar a taxa de depósito compulsório. Isso reduz ainda mais a capacidade de concessão de crédito, diminuindo, dessa forma, o montante de depósitos à vista e dos demais meios de pagamento. Nesse caso, diz-se que o BC pratica política monetária restritiva ou contracionista. Procedendo de forma contrária, isto é, reduzindo o percentual do compulsório, o resultado obtido é a elevação de liquidez na economia, e a política monetária assume características expansionistas. Contudo, isso nem sempre ocorre no prazo e magnitude desejados.

A eficácia de depósito compulsório como regulador da liquidez na economia é limitada, pois, além da necessidade de se avaliar cuidadosamente os impactos da alteração da alíquota sobre o nível de liquidez da economia, é preciso conceder um intervalo de tempo suficiente para acomodação do sistema bancário às novas condições decorrentes da implementação da alteração. Ademais, mudanças frequentes na alíquota do exigível aumentam a incerteza no sistema financeiro, provocando inquietações indesejáveis nos participantes dos sistemas monetário e financeiro. Por essas razões, não é comum o BC promover modificações frequentes no percentual sobre o compulsório exigível. De fato, nos dias atuais, na maior parte das economias de mercado desenvolvidas, o depósito compulsório transformou-se em instrumento secundário de política monetária.

Operações de mercado aberto

As operações de mercado aberto (*open market*) referem-se à compra ou à venda de títulos públicos federais pelo Banco Central, com o objetivo de expandir a liquidez (operação de compra de títulos públicos em poder do mercado) ou reduzi-la (operação de venda de títulos públicos ao mercado). Essas operações podem ser conduzidas na forma definitiva ou compromissada, com acordo de recompra ou revenda. Tal instrumento modifica rapidamente as condições de liquidez da economia, alterando, no mesmo dia, o montante de reservas bancárias. É o instrumento mais utilizado pela autoridade monetária e possui um caráter pontual.

É importante observar que a autoridade monetária não negocia diretamente com o público em geral nem com todas as instituições financeiras nas operações de mercado aberto, mas somente com um grupo selecionado de participantes, conhecidos como *dealers* — instituições escolhidas pelo Banco Central, de acordo com critérios de performance, para representá-lo junto a outras instituições financeiras. Variações nos montantes de moeda implicam variações do poder de compra e, por conseguinte, na demanda por moeda.

É preciso ressaltar que a opção de venda de títulos públicos pode ser eventualmente uma imposição da política fiscal (assunto discutido no capítulo 4). Se os gastos públicos forem maiores que a receita, o déficit fiscal gerado pode ser financiado por meio da colocação de títulos públicos em troca de recursos monetários do público e do sistema bancário. O que não significa dizer que o governo pode financiar seus déficits através da venda de títulos da dívida pública indefinidamente, porque, para tanto, é preciso apresentar taxas de juros cada vez mais atrativas. Além disso, quando a dívida pública (total dos títulos colocados no mercado) torna-se muito elevada, o público pode ficar com receio de que ela não seja honrada pelo governo e deixar de adquirir títulos do governo.[13] De qualquer forma, as operações de mercado aberto constituem-se em uma opção de controle de liquidez, com impacto sobre o comportamento da demanda agregada e, por conseguinte, sobre a atividade econômica.

Redesconto bancário e empréstimo de liquidez

Em sua rotina diária os bancos comerciais recebem depósitos e saques por parte de seus correntistas, por essa razão precisam constituir uma reserva voluntária (encaixe voluntário) para fazer frente aos saques elevados. Contudo, tais bancos não devem manter encaixes voluntários muito elevados, porque deixariam de conceder empréstimos e de realizar aplicações financeiras. Assim, os bancos comerciais avaliam o montante de reservas suficiente para suprir eventuais saques inesperados. Se, entretanto, em um determinado dia um banco sofrer mais saques do que o previsto, ele precisará de recursos suplementares para honrá-los. O Banco Central é um dos supridores desses recursos, cobrando uma taxa de juros conhecida como taxa de redesconto.[14]

Quando o Banco Central aumenta sua taxa de redesconto, induz o banco comercial a aumentar seus encaixes voluntários, para não correr o risco de ter seu montante de depósitos superado pelo de saques e ser obrigado a recorrer ao redesconto a custos muito elevados. Já quando o Banco Central reduz os

---

[13] Ressalta-se que o mais importante é a relação dívida pública/PIB, que mensura o grau de endividamento de um país.

[14] Outra fonte de recursos para essa finalidade é o chamado "interbancário", no qual bancos comerciais superavitários repassam recursos para os bancos comerciais deficitários, em um dado dia, por meio da negociação de certificados de depósitos interbancários (CDIs).

juros de redesconto, induz um banco comercial a aplicar maior percentual de suas reservas, obtendo maior rendimento, uma vez que se precisar recorrer ao redesconto os juros cobrados serão relativamente menores.

Desta forma, quando o Banco Central aumenta a taxa de juros de redesconto, provoca retrações do crédito disponível nas instituições bancárias e, com menor liquidez, as atividades econômicas tendem à redução. De outra forma, se o Banco Central reduz os juros de redesconto, incentiva os bancos comerciais a emprestar e aplicar maiores montantes de recursos, dando liquidez ao sistema monetário.

Em tese, como emprestador de última instância, o Banco Central tem de prestar socorro aos bancos ilíquidos, porém solventes. Com a elevação dos juros de redesconto o BC induz os bancos comerciais a assumir comportamento conservador, na medida em que o custo das operações de redesconto, por ser alto, os estimula a reduzir as probabilidades de se encontrar ilíquidos, mantendo, para tanto, maiores montantes de recursos monetários em forma de reservas voluntárias.

A demanda por moeda

A capacidade de demandar bens e serviços está diretamente relacionada à disponibilidade monetária, expressa por meios de pagamento (MP_1), que correspondem a ativos plenamente líquidos, compostos pelo papel-moeda em poder do público (PMPP) e pelos depósitos à vista (DV). Um bom exemplo são os depósitos à vista que são transferidos para liquidação de dívidas contraídas mediante uso de cheques ou de cartões de débito.

A demanda por moeda é realizada pelo público (famílias, empresas, governo e setor externo) e tem três funções: (a) transação — gastos correntes de compra e venda; (b) precaução — gastos não previstos e operações vantajosas; e (c) especulação

— depende das expectativas futuras quanto às taxas de juros a serem praticadas pelo Banco Central.

Bens e serviços financeiros: uma discussão

Sabe-se que existem bens e serviços cuja qualidade é pouco conhecida no ato da compra e, muitas vezes, somente torna-se mais bem conhecida após algum tempo. Além disso, a informação acerca da qualidade de certos bens ou serviços só pode ser obtida a um custo considerável. Estes caracterizam-se por um alto grau de incerteza associado à sua aquisição e, portanto, estão sujeitos a intervenções de políticas públicas que têm por objetivo proteger os consumidores.

Observe-se que a maior parte dos bens e serviços financeiros está incluída neste grupo, visto que seus contratos são, em geral, incompletos — ou seja, sua rentabilidade depende sobremaneira de comportamento futuro. Daí a importância e a própria justificativa de supervisão e regulação por parte do Banco Central, já que a maioria dos bens e serviços financeiros está incluída neste grupo, cujas características tornam seus custos de transação muito elevados, o que faz com que investidores busquem mecanismos que venham a minimizar problemas futuros.

Entre as características dos bens e serviços financeiros expressos em contratos financeiros, destacam-se: (a) não há garantia prévia; (b) existem falhas no mercado financeiro que não são necessariamente retificadas; (c) a instituição financeira pode se tornar insolvente durante o período de vigência do contrato; (d) as informações a respeito das instituições são assimétricas; (e) o valor do contrato é determinado por circunstâncias específicas do momento da aquisição; (f) o cliente é, muitas vezes, inexperiente; (g) o bem ou serviço oferecido não pode ser testado antes da aquisição. Adicionalmente, o contrato financeiro pode ter seu valor alterado após o ato da compra, pois o mesmo depende do comportamento da instituição financeira, que, por sua vez, pode, antes do prazo de maturação, alterar sua situação — de boa reputação para insolvente. Desta maneira o adquirente assume riscos, o que pode elevar o custo de seu monitoramento.

Outrossim, os elevados graus de incerteza e o tempo de espera dos clientes em caso de dissolução dos contratos fazem com que os bens e serviços financeiros tenham forte regulação e supervisão por parte da autoridade monetária, de forma a manter alta a confiança do público nos agentes financeiros, evitando a difusão de distúrbios.

O multiplicador monetário

O Banco Central possui o monopólio sobre a emissão monetária, enquanto os bancos comerciais têm a capacidade de "criar" moeda. Esse processo de criação de moeda pelos bancos comerciais se deve ao fato de estes manterem como reservas apenas uma fração dos depósitos à vista que captam do público, emprestando o excedente. Os empréstimos concedidos pelos bancos tendem a retornar ao sistema bancário, na forma de novos depósitos. Assim, sobre a parcela captada pelos bancos comerciais, estes criam meios de pagamento adicionais através do mecanismo chamado multiplicador.

Os bancos comerciais, ao receberem os depósitos à vista, devolvem uma parte dos mesmos ao público por meio de concessão de empréstimos. Isto ocorre porque os bancos estão cientes de que o público não resgata o total depositado de uma única vez, e assim fornecem meios de pagamento em um nível superior aos encaixes em moeda corrente. A partir desta operação os bancos multiplicam o montante de moeda corrente e geram maior liquidez para a economia, tendo em vista que os meios de pagamento são ativos plenamente líquidos e, portanto, apresentam poder de compra imediatamente disponível.

Define-se multiplicador monetário como cada unidade a mais de base monetária (BM) que dá origem a (α) unidades monetárias de meios de pagamento (MP). Podemos assim expressar: a variação dos meios de pagamento (ΔMP) é igual ao multiplicador da variação da base monetária (α ΔBM), ou seja, $\Delta MP = \alpha\ \Delta BM$.

Se o multiplicador, por exemplo, corresponde a 1,83 e o Banco Central permitiu que a base monetária variasse em 200 milhões de unidades monetárias, então os meios de pagamento foram expandidos em 366 milhões de unidades monetárias, ou seja, 1,83 × 200 = 366.

Os determinantes do multiplicador

O multiplicador monetário pode ser determinado por:

- encaixes compulsórios — o aumento do encaixe compulsório tende a reduzir a oferta de recursos disponíveis para a realização de negócios bancários (empréstimos), portanto, os bancos tendem a reduzir a oferta de crédito ao público, independentemente de sua demanda, reduzindo o multiplicador monetário;
- o aumento do nível de depósitos à vista tende a elevar o multiplicador, uma vez que os bancos passam a dispor de mais recursos, e assim aumentam a oferta de crédito ao público e adotam condições de créditos mais atrativas.

Neste capítulo foram mostradas as relações entre a oferta e a demanda por moeda e sua influência sobre o funcionamento da economia. A dinâmica da formação das taxas de juros e os mecanismos de controle de liquidez monetária também receberam comentários. A determinação e as projeções dessas variáveis são igualmente importantes para a economia real (produção, trabalho, salário), pois o comportamento da economia está diretamente ligado às decisões de investimentos produtivos, e estas estão atreladas às expectativas de lucro dos negócios, que levam em conta os custos de oportunidade dos recursos monetários e financeiros. Para ampliar essa discussão torna-se necessário analisar as relações do país com o resto do mundo, assunto a ser tratado no próximo capítulo.

Exercícios de revisão

1. Marque com X as medidas expansionistas de política monetária adotadas pelo Banco Central:

a) Venda de títulos públicos	d) Elevação de compulsório
b) Compra de títulos públicos	e) Redução da taxa de redesconto
c) Redução de compulsório	f) Elevação da taxa de redesconto

2. Se o Banco Central fez a base monetária variar em 500 milhões de unidades monetárias e os meios de pagamento foram expandidos em 800 milhões de unidades monetárias, qual é o multiplicador monetário?
3. Qual a especificidade de um banco comercial? Por que, dada essa especificidade, torna-se importante a regulação e supervisão por parte do Banco Central?
4. Suponha que o risco para um determinado país esteja em 600 pontos, que a expectativa de desvalorização cambial para o período seja de 10% e que a taxa de juros norte-americana seja 2%. Qual a taxa de juros mínima que esse país deverá praticar a fim de atrair investimentos externos? Dica: risco sistêmico refere-se ao contágio do sistema financeiro pelo econômico.

6 Negócios internacionais: a inter-relação com o exterior

Este capítulo trata das relações comerciais de renda e financeiras entre países, o que, na linguagem atual, denomina-se economia global. Essas relações vêm sendo estudadas pelos economistas há um longo tempo, porém nas últimas três décadas, com a progressiva abertura da maioria das economias, sua importância tem aumentado significativamente. É observado que países com escassas relações econômicas e financeiras com o exterior se defrontam com reduções em suas atividades produtivas, queda do bem-estar de sua população (expressa na renda *per capita*), atrasos tecnológicos, entre outros problemas. Por tudo isso, o tema globalização ou economia global é foco analítico deste capítulo.

As vantagens da inserção mundial

Quais são as vantagens que as economias obtêm ao se inserirem nos mercados mundiais? Para responder a esta questão deve-se, inicialmente, tratar do processo de globalização, essa crescente dinâmica dos mercados mundiais, e buscar as razões para sua importância.

Genericamente, a globalização é um conjunto de práticas econômicas, sociais e financeiras que aumentam a integração entre os governos, empresas e indivíduos ao redor do mundo. Mediante essas práticas intensificaram-se as transações de bens e serviços, os fluxos de renda e de capitais, a troca de ideias e de culturas, entre outros. As vantagens do processo de inserção são (quase) imensuráveis e podem ser vistas por diferentes focos e razões analíticas que aqui não serão plenamente contempladas, por questões de objetivos propostos.

Para entender os benefícios da inserção, pode-se começar pelo foco do comércio internacional, mais especificamente pelas vantagens absolutas e comparativas, em um cenário que pressupõe a perfeita mobilidade dos fatores de produção (Ricardo, 1985).

Considere, para simplificar, que haja somente dois países (A e B) e apenas dois bens (trigo e soja). Diz-se que o país A possui vantagem absoluta na produção de um bem quando aloca menos recursos para produzi-lo, em comparação com o país B, ou seja, quando o país A é mais eficiente que o B.

As vantagens comparativas explicam por que o comércio entre A e B pode ser benéfico, mesmo quando um deles tem custos menores para produzir ambos os bens? A resposta para essa questão centra-se não na análise dos custos absolutos de produção, mas na mensuração da produtividade alcançada em cada país individualmente. Pela teoria das vantagens absolutas, cada país se concentra em produzir aquilo em que é mais eficiente. Já pela teoria das vantagens comparativas, mesmo que um país não possua vantagens absolutas, ele pode e deve especializar-se nos setores em que produz a custos mais altos se comparados aos de um outro país que possui vantagem comparativa, isto é, que é mais eficiente.

Um exemplo simples esclarece a questão. Suponha que os países A e B produzem e consomem dois produtos: trigo e soja. Suponha, ainda, que se ambos produzissem somente trigo a produção seria de 500 toneladas em A e de mil toneladas em B. Se ambos produzissem apenas soja, suas produções seriam de 250 toneladas em A e 2 mil toneladas em B. Os totais produzidos por A e B seriam de 1.500 toneladas de trigo e 2.250 toneladas de soja, conforme ilustra a tabela 7.

Tabela 7
PRODUÇÃO LOCAL: SEM COMÉRCIO EXTERIOR

Países	Produção (toneladas)	
	Trigo	Soja
A	500	250
B	1.000	2.000
Total	1.500	2.250

Como podemos notar, o país B possui vantagem absoluta sobre A, tanto na produção de trigo quanto na de soja, pois é mais eficiente em termos absolutos.

Mesmo assim, o comércio entre A e B pode trazer benefícios mútuos, se levados em conta os custos de oportunidade no processo produtivo. Em A, para cada tonelada de trigo produzida, o custo de oportunidade é de 0,5 tonelada de soja (250 ÷ 500), enquanto em B, para cada tonelada produzida de soja, o custo de oportunidade é de duas toneladas de soja (2.000 ÷ 1.000). Portanto, o custo de oportunidade do país A na produção de trigo é menor que o de B. Diz-se, então, que o país A possui vantagem comparativa sobre o país B. Se os dois países se especializarem nas culturas em que tenham o menor custo de oportunidade, ambos se beneficiarão do comércio.

Observa-se que, com a especialização do país A em produzir trigo e do país B em produzir soja, o A passará a produzir mais trigo, de 500 toneladas para mil toneladas. Em contrapartida, deixará de produzir soja (ver dados na tabela 8). Já o país B reduzirá sua produção de trigo para somente 500 toneladas, e produzirá mais soja, de 2 mil para 3 mil toneladas. Em termos globais, os ganhos do comércio se expressam pelo fato de que a produção de trigo continua a mesma de antes (1.500 toneladas), mas a de soja aumenta em 750 toneladas — de 2.250 para 3 mil. O comércio internacional trouxe ganhos para ambos os países, como exemplificado pela tabela 8.

Tabela 8
PRODUÇÃO LOCAL: COM COMÉRCIO EXTERIOR

Países	Produção (toneladas)	
	Trigo	Soja
A	1.000	0000
B	500	3.000
Total	1.500	3.000

Além dos benefícios proporcionados pelo maior volume de comércio, há também ganhos em termos de rendas mais elevadas, com fortes possibilidades de lucros operacionais oriundos dos acréscimos de produtividade. Com efeito, verifica-se o crescimento das transações correntes, isto é, das exportações e importações de mercadorias e de serviços entre países, estimulando maior competição, por meio da redução dos custos de produção. Muitas empresas instalam em vários países etapas distintas de sua cadeia de produção de um único bem, optando sempre por aqueles em que a mão de obra e os demais insumos, bem como o transporte e a energia, sejam os mais baratos comparativamente.

Muitos países aproveitaram substancialmente os benefícios de suas inserções mundiais, investindo em tecnologias e em capacitação de sua força de trabalho, e com isso conseguiram redução de seus custos de produção na acirrada competição dos bens e serviços ao redor do mundo. A inserção internacional, portanto, possibilitou aumentos nos fluxos de renda e na movimentação dos recursos de produção em escala mundial. Duas situações ilustram os movimentos dos fluxos de renda entre países:

- um executivo brasileiro vai para a Argentina gerenciar uma rede de *fast-food* — transferência do fator trabalho;
- uma empresa alemã constrói uma filial no Brasil — transferência do fator capital.

Considere que o executivo possui familiares no Brasil, por isso enviará parte de seus rendimentos para o seu país de origem. Suponha, também, que uma participação dos lucros gerados pela filial alemã será remetida para a matriz na Alemanha como forma de recompor a carteira dos investimentos realizados na construção da filial em território brasileiro. Esses dois exemplos ilustram o caso em que há transferências de renda, e essas transferências alteram os valores do produto interno bruto (PIB) e do produto nacional bruto (PNB), assunto tratado no capítulo 4.

Os mercados de capitais

Desde o último quarto do século XX os fluxos internacionais de capitais de diferentes prazos (de curtíssimo a longo) vêm assumindo importância na determinação das atividades econômicas e financeiras globais. Tais fluxos vêm levando a aumentos significativos na concorrência dos setores financeiro e bancário mundial, redirecionando-os para cobrir diferentes nichos de negócios e operações em distintas áreas geográficas. As crescentes e rápidas inovações tecnológicas permitiram acelerar, quase em tempo real, as movimentações de capitais internacionais, daí resultando o aparecimento de poderosas instituições financeiras no cenário mundial.

Este fato levou a um aumento da participação dos ativos qualificados em moedas estrangeiras na composição dos portfólios das instituições financeiras dos países. Esses ativos não se constituem apenas de papéis de governos, mas, sobretudo, de papéis de empresas transnacionais de boa reputação, de participação em investimentos diretos e na aquisição de ativos imobiliários no exterior. Além das operações com ativos, os mercados internacionais de capitais são utilizados para operações de *hedge*, arbitragem e especulação, detalhados a seguir, de acordo com as definições do Banco Central do Brasil (www.bcb.gov.br).

- *Hedge* — operação realizada com o objetivo de obter proteção contra o risco de variações de taxas de juros, de paridade entre moedas, do preço das mercadorias e ativos reais. Como exemplo, as operações realizadas no mercado de opções e de moedas das bolsas de valores que visam proteger carteiras de títulos das bruscas e excessivas variações do preço de mercado.
- Arbitragem — operação em que um investidor obtém lucro sem risco, realizando transações simultâneas em dois ou mais mercados. Também é uma operação em que um agente econômico compra ações em uma praça e as vende em outra praça distinta. Para isso é necessário que as bolsas de valores desses locais tenham convênios entre si que possibilitem a liquidação física e financeira dos ativos nas duas praças. Exemplo: compra de uma determinada ação no Brasil e venda simultânea desta mesma ação na Bolsa de Valores de Nova York.
- Especulação — compra (ou venda) de mercadorias (títulos) tendo em vista a revenda (ou a recompra) em uma data posterior quando o motivo de tal ação é a antecipação de uma mudança nos preços em vigor e não uma vantagem resultante

de seu uso ou uma transformação ou transferência de um mercado para outro, ou seja, é decorrente de uma expectativa de variação de preços (volatilidade) dos ativos.

O balanço de pagamentos

Note-se que todas e quaisquer transações internacionais — já que normalmente significam entrada em ou saída de divisas estrangeiras — devem ter um registro de padrão internacional denominado balanço de pagamentos.

Para efeito de balanço de pagamentos, são considerados residentes:

- moradores permanentes, inclusive aqueles nascidos em outros países e aqueles que estão temporariamente no exterior;
- empresas sediadas no país, inclusive as filiais de empresas estrangeiras;
- esferas do governo, inclusive embaixadas e consulados sediados em outros países.

O plano de contas do balanço de pagamentos é idêntico para todos os países e é determinado contabilmente pelo Fundo Monetário Internacional (FMI). Os registros contábeis no balanço de pagamentos são elaborados dentro do princípio das partidas dobradas — a um débito em determinada conta deve corresponder um crédito em alguma outra, e vice-versa (exceto a conta transferências unilaterais) — e são contabilizados na unidade de conta para transações internacionais, normalmente em dólar norte-americano.

Quando o fato gerador da transação dá origem a uma entrada de recursos para o país, a conta correspondente é creditada (ou seja, lançada com sinal positivo). Quando origina uma saída de recursos, a conta em questão é debitada pelo valor correspondente (lançamento com sinal negativo).

A estrutura das contas do balanço de pagamentos é dividida em três partes:

- transações correntes — englobam os fluxos de comércio de bens e serviços (de fatores e de não fatores) e transferências unilaterais;
- conta capital e financeira (capitais autônomos) — engloba as transferências de moeda, empréstimos, financiamentos e investimentos internacionais, incluindo a conta de erros e omissões (ajuste ou retificação);
- movimento de capitais compensatórios — engloba as contas que representam o "fechamento" do saldo total do balanço de pagamentos. Inclui a variação de reservas internacionais, os empréstimos compensatórios do FMI e os atrasados comerciais.

No quadro 3 apresenta-se a estrutura do balanço de pagamentos e, a seguir, as especificidades de cada uma de suas principais contas.

Quadro 3
BALANÇO DE PAGAMENTOS

I. Balança comercial Exportações (FOB) Importações (FOB)
II. Balança de serviços e rendas Transportes, fretes e seguros Viagens internacionais e turismo Rendas de capital (lucros, dividendos, juros) Diversos
III. Transferências unilaterais

(cont.)

IV. Balança de transações correntes (= I + II + III)
V. Conta de capital e financeira (capitais autônomos)
Investimentos Reinvestimentos Empréstimos e financiamentos a longo e médio prazos Empréstimos a curto prazo Amortizações
VI. Erros e omissões
VII. Saldo do balanço de pagamentos (IV + V + VI)
VIII. Movimento de capitais compensatórios (demonstrativos de resultados = saldo do balanço de pagamentos) Contas de caixa (variação das reservas) Operações de regularização Atrasados

Fonte: Banco Central.

Especificidades das principais contas

- *Balança comercial* — registra a movimentação de mercadorias. As exportações e importações são contabilizadas de acordo com o valor de embarque da mercadoria, sem considerar os custos relacionados ao transporte modalidade *free on board* (FOB).[15] O saldo dessa conta corresponde à diferença entre a receita gerada pelas exportações e a despesa proveniente das importações. O saldo positivo indica superávit da balança comercial, enquanto o negativo representa uma situação de déficit comercial.
- *Balança de serviços* — registra as transações relacionadas à prestação de serviços entre os residentes e não residentes,

[15] FOB, da expressão inglesa *free on board*, isto é, livre para embarcar, que se refere ao valor da mercadoria, não incluídos os valores dos transportes, fretes e seguros.

sendo que o saldo positivo indica superávit e o negativo representa uma situação de déficit em serviços. Exemplos:

- transportes: frete internacional de mercadorias e serviços auxiliares prestados em portos e aeroportos;
- viagens: bens e serviços adquiridos no país por turistas estrangeiros;
- serviços governamentais: representações em embaixadas, consulados e militares;
- serviços financeiros: tarifas e corretagem;
- computação e informação: assinatura de periódicos;
- *royalties* e licenças: franquias e licença de exploração de patentes;
- serviços de comunicação: serviços postais e de telecomunicações;
- serviços relativos ao comércio: comissões de agentes de comércio.

- *Balança de rendas* — registra a remuneração pela utilização dos fatores de produção de origem estrangeira, tais como: patentes, marcas, *royalties*, força de trabalho (salários) e de capitais produtivo e financeiro (lucros, dividendos e juros).
- *Transferências unilaterais* — não representam atos de compra e venda. As transferências envolvem pagamentos e recebimentos em moedas estrangeiras e em bens, sem a contrapartida do beneficiário. Exemplos:
  - doações de comida e roupas;
  - recursos enviados por imigrantes ao país de origem;
  - contribuições a organizações internacionais.
- *Transações correntes* — registram o resultado do comércio externo: bens, serviços, rendas e transferências unilaterais. Quando o saldo é positivo significa que o país acumulou divisas estrangeiras suficientes para honrar seus compromissos externos, podendo ainda realizar investimentos em outros

países, conceder empréstimos internacionais e aumentar o nível de reservas internacionais. Já o resultado negativo significa que o país não conseguiu divisas estrangeiras suficientes para honrar suas obrigações, tendo de recorrer a outros mecanismos para obtê-las, por exemplo, empréstimos, investimentos estrangeiros e utilização das reservas internacionais.

- *Conta de capital e financeira* — registra os fluxos financeiros entre residentes e não residentes. O saldo da conta de capital corresponde à diferença entre as vendas de ativos aos estrangeiros e as compras de ativos dos estrangeiros. Os investimentos diretos representam os recursos destinados à aplicação em atividades produtivas (plantas, máquinas, equipamentos, entre outros). Exemplos:
  - processos de compra e venda de empresas;
  - aquisições e vendas de participações societárias;
  - criação e ampliação de capacidade produtiva;
  - empréstimos intercompanhias (entre matriz e filial/subsidiária).

  Os investimentos em carteira representam as aplicações em títulos públicos, ações e derivativos no mercado financeiro. A rubrica "outros investimentos" engloba os empréstimos, financiamentos e movimentação de depósitos sob a forma de disponibilidade, cauções e depósitos judiciais.
- *Movimento de capitais compensatórios* — é o demonstrativo de resultados do balanço de pagamentos. Isso significa que um superávit no saldo final do balanço de pagamentos corresponde a um lançamento contábil negativo na conta "reservas internacionais". A conta de capitais compensatórios envolve a variação de reservas em moeda estrangeira em quatro categorias:
  - variações de moedas e títulos estrangeiros de curto prazo em poder das autoridades monetárias;

- liquidez internacional à disposição dos residentes do país: ouro monetário, direito especial de saque (DES) e a posição de reservas no FMI;
- empréstimos de regularização junto a organismos internacionais (FMI);
- atrasados (compromissos não honrados nos prazos estabelecidos).

O direito especial de saque (DES) representa uma moeda de reserva internacional distribuída proporcionalmente de acordo com a cota de cada país-membro do FMI. O DES atua como um complemento de reservas internacionais e se constitui numa possibilidade de recursos caso o país enfrente dificuldades. Pode ser utilizado para cobrir suas posições externas, com o objetivo principal de fortalecer a posição das reservas internacionais do país e mitigar o risco de ataques especulativos. É como um cheque especial fornecido aos países.

- *Saldo final do balanço de pagamentos* — se deficitário, pode ser financiado por meio de utilização de reservas internacionais ou pela aquisição de empréstimos de regularização. Quando o país não dispõe de reservas internacionais e não consegue empréstimo para financiar o déficit, os pagamentos destinados aos não residentes são postergados e creditados na categoria "atrasados", levando o país a uma possível moratória de sua dívida externa.

O mercado de divisas estrangeiras

O preço da moeda nacional em relação às moedas estrangeiras se comporta como qualquer outro mercado, ou seja, responde aos movimentos de oferta e demanda. Caso a oferta seja maior que a demanda, o preço tende a cair e a moeda nacional tende à valorização frente à moeda estrangeira, normalmente em relação ao dólar norte-americano. Ao contrário, caso existam restrições de oferta, o preço tende a subir em direção à desvalorização da moeda nacional frente à estrangeira. O mercado cambial é fruto da interação entre oferta e demanda de divisas estrangeiras.

O regime cambial

O regime cambial de um país constitui o *modus operandi* de atuação do Banco Central em relação ao mercado de divisas estrangeiras. Existem basicamente dois tipos gerais de regimes cambiais: (a) câmbio flutuante e (b) câmbio fixo.

No regime de câmbio flutuante existem duas modalidades específicas: (a) a flutuação pura, em que os bancos centrais permitem que o valor da moeda estrangeira seja determinado exclusivamente pelo mercado de divisas e (b) a flutuação suja (*dirty floating*), na qual os bancos centrais permitem a flutuação da taxa de câmbio, mas reservam-se o direito de intervir no mercado de divisas sempre que julgarem que a taxa está sobrevalorizada ou subvalorizada, sem divulgarem, contudo, a cotação considerada de equilíbrio.

O regime de câmbio fixo pode ser praticado em três modalidades. A primeira é o câmbio fixo propriamente dito, em que os bancos centrais fixam uma determinada cotação para a moeda estrangeira e atuam permanentemente no mercado de divisas, comprando-as ou vendendo-as, para manter a paridade estabelecida. A segunda modalidade é o *crawling peg*, em que o Banco Central atua no mercado de divisas para que, no fim de cada mês, a desvalorização da moeda nacional em relação ao dólar norte-americano, por exemplo, acompanhe o diferencial entre a inflação externa e a inflação doméstica. A terceira é a modalidade conhecida como "bandas cambiais", em que o Banco Central permite que a taxa de câmbio flutue livremente, porém dentro de certas faixas ou bandas por ele previamente estabelecidas. Caso a taxa de câmbio ultrapasse o limite superior ou inferior, o Banco Central atua no mercado de divisas estrangeiras, vendendo-as (para diminuir a cotação) ou comprando-as (para aumentar a cotação), de maneira a manter a taxa de câmbio dentro da faixa ou banda estipulada.

O sistema de *crawling peg* foi usado no Brasil, com algumas breves interrupções, desde os anos 1960 até 1994, quando o Plano Real foi implantado. A partir de então, o sistema de bandas cambiais passou a ser adotado no país, vigorando entre 1995 e janeiro de 1999. Depois, o regime cambial passou a ser o de flutuação suja, com a adoção do sistema de metas de inflação, assunto discutido no capítulo 5.

Taxas de câmbio: nominal e real

As transações entre residentes e não residentes são realizadas em moedas de referência internacional. Desse modo, há necessidade de um mecanismo por meio do qual a moeda doméstica e a estrangeira sejam trocadas entre si. Exemplos:

- os importadores precisam de dólares norte-americanos para realizar suas operações de compra, assim como os exportadores precisam converter em moeda doméstica os dólares norte-americanos recebidos para a realização de operações no mercado nacional;
- os turistas estrangeiros necessitam converter sua moeda doméstica em moeda local do país que estão visitando.

O valor de troca de uma moeda nacional por outra (nacional) constitui a taxa nominal de câmbio e é determinado pelo mercado cambial, o qual se defronta com dois tipos de taxa cambial, que veremos a seguir.

Taxa nominal de câmbio (e)

Representa o preço de uma moeda local em termos de outra moeda estrangeira, podendo ser apresentada de duas formas (quadro 4).

A primeira é definida como o preço, em moeda nacional, de uma unidade de moeda estrangeira. Por exemplo, a taxa de câmbio do real (R$) em relação ao dólar norte-americano (US$) indica qual é o preço, em reais, de US$ 1,00. A maioria dos países, inclusive o Brasil, utiliza esta definição.

A segunda é definida como o preço, em moeda estrangeira, de uma unidade de moeda doméstica. Ou seja, qual é o preço, em US$, de R$ 1,00.

Quadro 4

MOEDA DOMÉSTICA × MOEDA ESTRANGEIRA

Primeira definição	⇒	$e = \dfrac{\text{moeda doméstica}}{\text{moeda estrangeira}}$
Segunda definição	⇒	$e = \dfrac{\text{moeda estrangeira}}{\text{moeda doméstica}}$

Taxa real de câmbio (Φ)

Representa um ajuste da taxa de câmbio nominal mediante a inclusão das taxas de inflação interna e externa. A inflação interna tende a encarecer os produtos nacionais, tornando-os desvantajosos em relação aos importados. Já a inflação externa tende a encarecer os produtos importados, tornando os produtos nacionais mais atrativos. Corresponde a: $\Phi = e \times \frac{P^*}{P}$, onde:

Φ = taxa de câmbio real;

e = taxa de câmbio nominal;

P^* = índice de preços no país estrangeiro;
P = índice de preços no mercado nacional.

As taxas de câmbio nominal e real apresentam dois movimentos:

- *desvalorização cambial* — representa elevação da taxa cambial, ou seja, a moeda nacional perde valor em termos de outra moeda estrangeira. A depreciação do real (R$) em relação ao dólar norte-americano (US$) significa que serão necessários mais recursos monetários em reais para comprar a mesma unidade de dólar norte-americano;
- *apreciação cambial* — representa queda da taxa cambial, ou seja, a moeda local ganha valor em termos de outra moeda estrangeira. A apreciação do real em relação ao dólar norte-americano significa que serão necessários menos recursos monetários em reais para comprar a mesma unidade de dólar norte-americano.

Exemplo 1: taxa de câmbio nominal nos períodos 1 e 2:

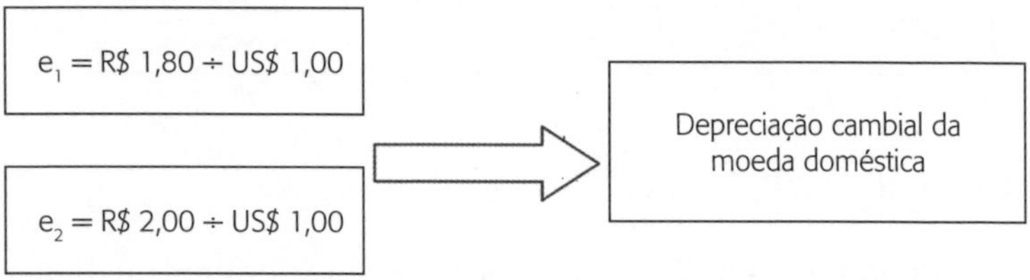

Receita de exportação: US$ 10.000,00
Receita de exportação em R$ no período 1 = US$ 10.000,00 × R$ 1,80 = R$ 18.000,00
Receita de exportação em R$ no período 2 = US$ 10.000,00 × R$ 2,00 = R$ 20.000,00

A depreciação cambial aumenta o poder de compra do exportador, ao mesmo tempo que encarece a despesa com importações em termos de moeda doméstica. Portanto, uma elevação da taxa de câmbio estimula as exportações e desestimula as importações.

Considere agora as seguintes taxas cambiais:

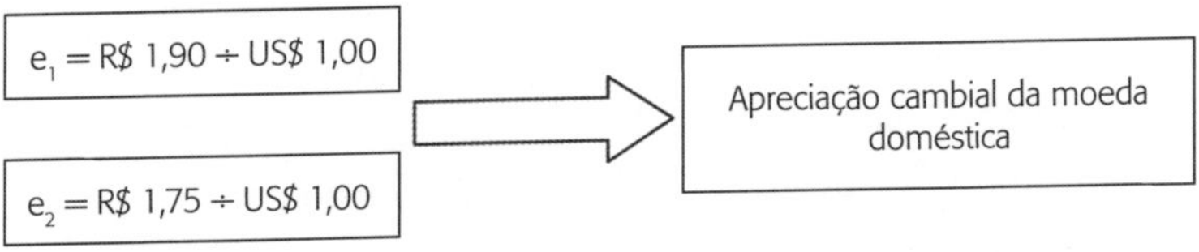

Receita de exportação: US$ 10.000,00
Receita de exportação em R$ no período 1 = US$ 10.000,00 × R$ 1,90 = R$ 19.000,00
Receita de exportação em R$ no período 2 = US$ 10.000,00 × R$ 1,75 = R$ 17.500,00

A apreciação cambial reduz o poder de compra do exportador, ao mesmo tempo que reduz a despesa com importações em termos de moeda doméstica. Portanto, uma redução da taxa de câmbio desestimula as exportações e incentiva as importações.

Exemplo 2: taxa de câmbio real nos períodos 1 e 2:

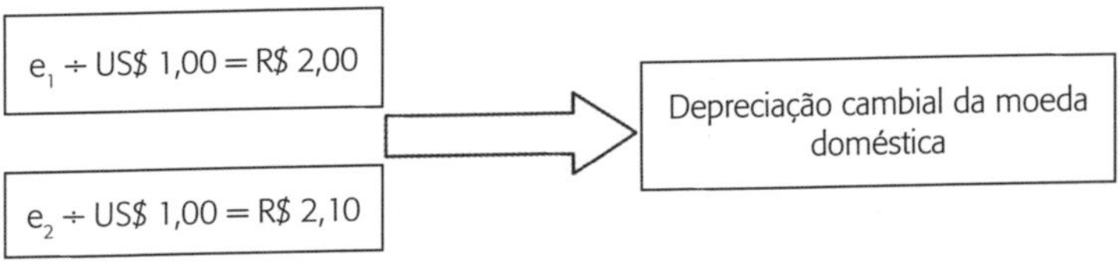

Inflação interna = 20%
Inflação externa (Estados Unidos) = 5%
Considerando: $\Phi = e \times \frac{P^*}{P}$, temos $\Phi = R\$\ 2{,}10 \times \frac{1{,}05}{1{,}20} \times R\$\ 1{,}84$

Em termos nominais houve depreciação cambial, movimento que estimula as exportações. Em termos reais houve valorização cambial de 8% {((1,84 ÷ 2,00)-1) × 100}, resultado que desestimula as exportações e incentiva as importações. Essa valorização decorreu do fato de a variação da taxa de câmbio nominal (de R$/US$ = 2,00 para R$/US$ 2,10) não ter sido suficiente, mesmo considerando a inflação externa de 5%, para compensar a elevação dos preços internos, que foi de 20%. Logo, as transações de bens entre residentes e não residentes são influenciadas pela taxa de câmbio real.

Como visto neste capítulo, as relações do país com o resto do mundo determinam, em grande parte, as variáveis que influenciam o processo decisório e as estratégias de negócios da economia: (a) a taxa de câmbio e sua relação com os preços das *commodities*;[16] (b) a taxa de juros e sua relação com os investimentos externos (produtivos e especulativos) e internos na economia; (c) a balança comercial e as decisões de produção por parte dos empresários.

As relações internacionais entre países envolvem simultaneamente os setores monetário e financeiro e a economia real (setor produtivo). Para a ocorrência do dinamismo competitivo entre as economias globalizadas é necessário que os países atuem com eficiência e eficácia de modo geral e, sobretudo, naqueles setores inseridos nos mercados mundiais. As taxas de câmbio nominal e real norteiam a intensidade das relações de troca entre países e a direção dos fluxos de comércio, renda e de capitais internacionais. Esses temas foram objeto de investigação e de discussão neste capítulo.

Exercícios de revisão

1. Comente: "Em um regime de câmbio fixo, se ocorrer aumento de demanda por dólares norte-americanos o Banco

[16] Mercadorias padronizadas com preços determinados nos mercados internacionais.

Central será forçado a comprar mais divisas estrangeiras para manter a taxa de câmbio na paridade desejada".

2. Assinale verdadeiro (V) ou falso (F) e comente:
Se as reservas internacionais de um país estão diminuindo ano após ano, isso indica que esse país está tendo constantes déficits em na conta de "transações correntes" com o resto do mundo. ( )
3. Se a taxa de câmbio no Brasil é R$/US$ = 1,80/1,00 e o preço de um carro X nos EUA é de US$ 20 mil e no Brasil, de R$ 40 mil, podemos concluir que a taxa de câmbio está apreciada ou depreciada?
4. Os dados abaixo se referem ao balanço de pagamentos do país "A", em 2010, em US$ milhões (houve outras transações de "A" com o exterior, mas os dados da tabela são suficientes para as respostas).

Exportações de bens (X)	+7.000
Importações de bens (M)	–7.500
Amortizações e empréstimos pagos	–1.000
Balança de serviços e renda	–1.000
Investimentos diretos feitos pelo exterior	+3.000

Dica: conta capital e financeira (CC) engloba: amortizações e empréstimos pagos (A); investimentos diretos feitos pelo exterior (IDE).

Pede-se:

a) o saldo em transações correntes;
b) o saldo final do balanço de pagamentos;
c) o impacto sobre as reservas internacionais.

Conclusão

Ao escrever esta obra nós, os autores, tivemos duas preocupações: (a) a escolha dos temas abordados, frente à amplitude teórica, e sua ordem de apresentação, que seguiu nossa longa vivência como professores desta área do conhecimento; e (b) tornar os pressupostos, princípios e conceitos econômicos o mais didáticos possível, procurando conciliar a inflexibilidade teórica com uma linguagem mais acessível aos tempos modernos.

A importância de um livro, de modo geral, e sobre a teoria econômica em particular, reside em estimular o leitor a construir suas próprias reflexões e questionamentos a respeito do dia a dia das atividades produtivas e comerciais e de seus efeitos sobre o cotidiano das pessoas, das empresas e dos governos. Ao praticar o exercício da leitura, o ato de aprender torna-se provocador e ativo, e os integrantes do processo educacional mudam de papéis: o professor torna-se secundário, e o leitor-aluno surge como o ator principal na construção de seu conhecimento acerca das questões relacionadas à ação humana associada à economia e à sociedade.

Ao estudar os preceitos econômicos devemos distinguir a abordagem micro da macroeconômica. Isto possibilita lançar olhares distintos sobre o cotidiano dos indivíduos, empresas e governos — inicialmente mais focado e específico (microeconomia) e, posteriormente, mais abrangente e agregado (macroeconomia) — no que tange às questões nacionais e internacionais. Particularmente quando investigamos a questão da escassez dos recursos e as falhas de alocação destes nos mercados de bens e serviços, somos desafiados a entender a profundidade dos fundamentos da economia e da ação dos indivíduos e empresas. O modo de compatibilizar as necessidades ilimitadas em um contexto de recursos finitos que impedem a realização de ilimitadas produções leva os economistas a se aprofundarem no dilema da escassez e das escolhas, conduzindo o leitor à origem dos conceitos de economicidade e de valor de uso, que são o cerne da teoria econômica. Consumidores objetivam maximizar satisfação, desejando comprar a preços mais baixos. Em contrapartida, empresas objetivam maximizar lucros, desejando vender a preços altos. São objetivos antagônicos, que os conduzem ao mercado a fim de atenderem aos seus desejos e, daí, preços e quantidades transacionadas são determinados procurando atingir o equilíbrio, no qual não há escassez ou excesso. A ação conjunta dos compradores e produtores constitui as demandas e ofertas agregadas, e ambos conduzem à dinâmica dos mercados, causadora das flutuações cíclicas e do crescimento autossustentado que acarretam impacto sobre o nosso nível de bem-estar social. A inserção dos países no comércio e nas finanças mundiais — que os torna mais eficientes e competitivos, qualidades intrínsecas capazes de gerar melhorias do nível de renda e das condições de vida da sociedade — tem sido o foco de interesse da teoria econômica contemporânea.

Esperamos ter despertado no leitor o interesse pelas questões da economia aplicadas ao dia a dia das pessoas, das empresas e dos negócios em geral. Entender o dinamismo do sistema econômico e financeiro, em âmbito nacional e internacional, e identificar as ferramentas para conseguir antever os rumos e tendências das principais variáveis ligadas à economia permitirão ao leitor gerenciar seus negócios e perseguir seus objetivos pessoais, reduzindo as incertezas que o futuro reserva a todos, de modo indiscriminado. Minimizar incertezas e maximizar felicidade é o objetivo comum da humanidade.

Referências

BANCO CENTRAL DO BRASIL. *Site oficial*. Disponível em: <www.bcb.org.br>. Acesso em: jun. 2011.

BRASIL. Decreto nº 3.088, de 21 de junho de 1999: estabelece a sistemática de "metas para a inflação" como diretriz para fixação do regime de política monetária e dá outras providências. *Diário Oficial da União*. Brasília, DF, 22 jun. 1999. Disponível em: <www.planalto.gov.br/ccivil_03/decreto/D3088.htm>. Acesso em: jun. 2011.

FERGUSON, C. E. *Microeconomia*. 10. ed. Rio de Janeiro: Forense Universitária, 1987.

LOPES, L. M.; VASCONCELLOS, M. A. S. (Org.). *Manual de macroeconomia*: nível básico e nível intermediário. 2. ed. São Paulo: Atlas, 2000.

MATESCO, V. R.; SCHENINI, P. *Economia para não economistas*. 5. ed. Rio de Janeiro: Senac, 2010.

PINDYCK, R.; RUBINFELD, D. *Microeconomia*. 6. ed. São Paulo: Pearson Press Hall, 2005.

RICARDO, David. *Princípios de economia política e tributação*. São Paulo: Nova Cultural, 1985.

SMITH, A. *Riqueza das nações*. 2. ed. Lisboa: Fundação Calouste Gulbenkian, 1980.

Apêndice – Respostas dos exercícios de revisão

Capítulo 1

Exercício 1

a) V; b) F; c) V; d) F.

Exercício 2

O custo de oportunidade mensura o grau de sacrifício pela opção da produção de um bem em detrimento de outro. Os custos de oportunidade são crescentes em função da necessidade de se sacrificar cada vez mais de um bem para produzir uma mesma quantidade de outro bem. No início, os custos são baixos devido ao deslocamento de fatores de produção mais eficientes para a produção de outro bem. Contudo, à medida que a produção deste aumenta, é necessário deslocar mais fatores, pois sua eficiência tende a reduzir-se, portanto a queda da produção do bem sacrificado será maior.

Exercício 3

A resposta correta é a alternativa (d). Todas as demais alternativas deslocam a curva de possibilidade de produção (CPP), pois elevam o montante de fatores de produção (c) ou aumentam sua produtividade (a) e (b).

Exercício 4

Pontos internos à curva de possibilidade de produção (CPP) representam que a economia não está utilizando plenamente seus recursos disponíveis, existindo ociosidade de fatores. Em outro sentido, pontos fora da CPP representam uma impossibilidade de produção com as condições dadas. O estoque de fatores e o nível de conhecimento tecnológico não seriam suficientes para que fossem produzidas as quantidades requeridas dos bens elencados. Pontos acima da curva representam as quantidades máximas possíveis de produção dados o estoque de fatores e o conhecimento tecnológico disponível.

Capítulo 2

Exercício 1

Excedente do consumidor é a diferença entre o que o consumidor estaria disposto a pagar por um bem ou serviço e o que ele efetivamente paga.

Exercício 2

Epo = $\Delta\%$ Qo $\div$ $\Delta\%$ P.
ΔQo = 20%; ΔP = 12%.
$(20 \div 100) \div (12 \div 100) = 0{,}20 \div 0{,}12 = 1{,}66.$

O coeficiente da elasticidade-preço da oferta foi maior que um (1). Logo, a oferta é elástica.

Exercício 3

ΔQd = 3.500 ÷ 2.500 = 40%; e ΔP = 8,00 ÷ 10,00 = –20%. O sinal do coeficiente não é considerado.
Epd = Δ% Qd ÷ Δ% P = (40 ÷ 100) ÷ (20 ÷ 100) = 0,40 ÷ 0,20 = 2,0; demanda elástica; a variação das quantidades demandadas foi muito sensível à queda dos preços. A receita do produtor irá aumentar, ou seja, para P = 10 e Q = 2.500,00 a receita total era de R$ 25 mil. Quando o preço caiu para P = 8,00 e as quantidades vendidas aumentaram para Q = 3.500,00 a receita de vendas cresceu para R$ 28 mil.

Exercício 4

Pneus e gasolina são bens complementares; quando a demanda de um cai porque o preço subiu, a demanda por outro também irá cair.

Capítulo 3

Exercício 1

Opção correta (c). Uma elevação de renda real leva a aumentos nas quantidades demandadas, o que, por sua vez, eleva os preços e as quantidades ofertadas.

Exercício 2

a) F; b) F; c) V; d) F.

Exercício 3

a) 4; b) 2; c) 3; d) 1.

Exercício 4

Os fatores que influenciam a oferta são: preço do bem, preço dos fatores de produção, tecnologia, preço dos bens concorrentes. Quanto maior o preço, maior será a oferta do bem ou serviço. A inclinação da curva de oferta deriva da relação positiva entre preço e quantidade ofertada. Os demais determinantes deslocam para a direita ou esquerda a curva de oferta. Um maior preço dos insumos diminui a oferta para um dado preço, deslocando a curva para a esquerda. Avanços tecnológicos deslocam a curva de oferta para a direita, aumentando a quantidade ofertada para cada conjunto de preços. Por fim, uma elevação nos preços dos produtos concorrentes ocasiona redução de oferta do bem em questão, deslocando a curva para a esquerda.

Capítulo 4

Exercício 1

Custo da cesta no ano 1: (50 × 3, 00) + (20 × 10, 00) + (100 × 8, 00) = R$ 1.150,00.
Custo da cesta no ano 2: (50 × 3,20) + (20 × 13,00) + (100 × 9,00) = R$ 1.320,00.
Custo da cesta no ano 3: (50 × 3,25) + (20 × 10,00) + 100 × 9,10) = R$ 1.272,50.
A base do índice é o ano 1. Logo, o número índice em 1 é 100. No ano 2, será (1.320,00 ÷ 1.150,00) × 100 = 114,78. No ano 3, será (1.272,50 ÷ 1.150,00) × 100 = 110,65. Portanto, a inflação

no ano 2 em relação ao ano 1 foi de 11,47%. O índice do ano 3, em relação ao ano 2 foi de (1.272,50 ÷ 1.320,00) × 100 = 96,40, ou seja, houve uma *deflação* igual a 100 – 96,40 = 3,60%.

Exercício 2

O crescimento econômico é um fenômeno de oferta, de expansão da capacidade produtiva, caracterizado pela realização de investimentos em capital físico, humano e tecnológico, e é uma ação de longo prazo. Já as flutuações são fenômenos de demanda, provocados por expansões e contrações criadas pelas políticas monetária, fiscal, cambial, salarial e de rendas, e são situações de curto prazo.

Exercício 3

Suponha que a autoridade fiscal seja o jogador dominante, que aumente incessantemente o déficit das contas públicas ou as necessidades de financiamento do setor público (NFSP) e que a economia apresente taxas de inflação muito elevadas por muito tempo. Nessas condições, a demanda por moeda varia inversamente às expectativas de inflação. O receio de uma hiperinflação faz com que a expansão monetária que os agentes econômicos preveem para o futuro seja incorporada aos preços no presente. Os preços correntes passam a depender não apenas de quanto a política monetária está apertada no presente, mas também de quanto ela será apertada (ou frouxa) no futuro. Assim, se o Banco Central decide restringir a política monetária no momento, mas sem condições de assegurar que ela continuará restrita no futuro, os agentes econômicos formarão a expectativa de que a austeridade monetária será abandonada no futuro, o que fará com que a inflação suba imediatamente.

Exercício 4

No primeiro ano: PIB real = 100 t × R$ 2,00 = R$ 200,00; PIB nominal = PIB real = R$ 200,00.

Tomando o primeiro ano como base, tem-se, para o segundo ano:

PIB nominal = produção atual × preço atual.

PIB nominal = 200 t × R$ 2,10 = R$ 420,00.

PIB real = produção atual × preço do ano-base.

PIB real = 200 t × R$ 2,00 = R$ 400,00.

O deflator do PIB, que se define como a razão entre o PIB nominal e o PIB real, é então:

(PIB nominal ÷ PIB real) × 100 = (420 ÷ 400) × 100 = 1,05.

A taxa de inflação é: [(preço atual ÷ preço do ano-base) – 1] × 100 = [(2,10 ÷ 2,00) – 1] × 100 = 5%.

Capítulo 5

Exercício 1

Alternativas corretas: b, c, e.

Exercício 2

$\Delta MP = \alpha \Delta BM$. Logo, $\alpha = \Delta MP \div \Delta BM$.

800 ÷ 500 = 1,6. O multiplicador monetário é 1,6.

Exercício 3

Criar (multiplicar) a moeda. Por isso torna-se importante a regulação por parte do Banco Central, para garantir as transações financeiras do sistema econômico-financeiro de um país e evitar a ocorrência de risco sistêmico.

Exercício 4

Taxa de juros doméstica = taxa de juros externa + expectativa de variação cambial + risco-país.
Taxa de juros doméstica = (2 × 1,1) + 10 + (600 ×100).
Taxa de juros doméstica = 2,2 + 10 + 6 = 18,2%.

Capítulo 6

Exercício 1

A afirmação está errada. Mantidas constantes as demais variáveis que afetam o mercado de divisas estrangeiras, um aumento de demanda pressionará a moeda doméstica a se desvalorizar perante o dólar norte-americano. Para que isso não aconteça, o Banco Central precisará vender (e não comprar) divisas, aumentando, assim, a oferta de dólares norte-americanos. Com isso, a taxa de câmbio volta à paridade desejada.

Exercício 2

Falso. Para obter uma posição sobre as reservas internacionais é necessário analisar o saldo de todas as contas do balanço de pagamentos. Para tanto, é preciso calcular o saldo da conta de capital e financeira.

Exercício 3

1,80 × (20.000 ÷ 40.000) = Y.
Y = 0,9. Logo, como Y < 1, a taxa de câmbio está apreciada.

Exercício 4

a) Conta transações correntes (CC) = balança comercial (BC) + balança de serviços e renda (BSR), onde CC = (X – M) + BSR.

   CC = (7.000 – 7.500) – 1.000 = –1.500.

b) BP = CC + CKF.

   BP = CC + (A + IDE).

   BP = –1.500 + (–1.000 + 3.000) = + US$ 500 milhões.

c) As reservas internacionais aumentaram em US$ 500 milhões.

Os autores

Virene Roxo Matesco

Doutora em economia pela Universidade Federal do Rio de Janeiro (UFRJ) e mestre em economia pela Universidade de Brasília (UnB). Graduada em economia pela Universidade de Brasília (UnB). Ex-diretora e membro do Conselho da Sociedade Brasileira de Estudos de Empresas Transnacionais e da Globalização Econômica (Sobeet) e professora emérita da Escola de Comando e Estado-Maior do Exército (Eceme). Foi pesquisadora sênior do Instituto de Pesquisa Econômica Aplicada (Ipea), órgão da Secretaria de Assuntos Estratégicos da Presidência da República. Foi responsável pela seção "Entendendo macroeconomia" na revista *Conjuntura Econômica*, da Fundação Getulio Vargas (FGV). É autora de várias pesquisas, trabalhos e artigos publicados no Brasil e no exterior e coautora de diversos livros de economia e temas correlatos. É professora convidada do FGV Management.

Marcello Cunha Santos

Mestre em economia pela Universidade Federal de Minas Gerais (UFMG) e graduado em ciências econômicas pela Universidade Federal de Juiz de Fora. Foi professor substituto da Face-UFMG e professor efetivo da PUC-Minas e da Faculdade Novos Horizontes. Possui publicações sobre os temas: "crescimento econômico", "dívida pública" e "política econômica". É professor convidado do FGV Management.

Mario Rubens de Melo Neto

Mestre e graduado em economia pela Universidade Federal Fluminense (UFF). Foi pesquisador do Instituto de Pesquisa Econômica Aplicada (Ipea) e professor da UFF. É autor de várias pesquisas, trabalhos e artigos publicados no Brasil e no exterior e professor convidado do FGV Management.

Ubiratan Jorge Iorio

Doutor e mestre em economia pela Escola de Pós-Graduação em Economia da Fundação Getulio Vargas (EPGE--FGV). Graduado em economia pela Universidade Federal do Rio de Janeiro (UFRJ). É professor adjunto do Departamento de Análise Econômica da Universidade do Estado do Rio de Janeiro (Uerj). É presidente-executivo do Centro Interdisciplinar de Ética e Economia Personalista (Cieep) e diretor acadêmico do Instituto Ludwig von Mises Brasil (IMB). Foi diretor da Faculdade de Ciências Econômicas da Uerj, economista do Ibre/FGV e funcionário do Banco Central do Brasil. É autor de quatro livros sobre economia e de centenas de artigos publicados em jornais e revistas. É professor convidado do FGV Management.